Sabine Standenat

# LIEBST DU DICH SCHON ODER QUÄLST DU DICH NOCH?

ISBN:    978-3-7088-0599-3

Copyright:    Kneipp-Verlag GmbH und Co KG
Lobkowitzplatz 1, A-1010 Wien
www.kneippverlag.com
www.facebook.com/KneippVerlagWien

Autorin:    Mag. Sabine Standenat
Lektorat:    Mag. Eva Manhardt
Korrektorat:    Mag. Franz Ebner
Grafik:    Sebastian Carl, Amerang
Umschlaggestaltung:    Kathrin Steigerwald, Hamburg
Coverfoto:    fotolia.com/tournee
Illustrationen:    fotolia.com/johny007pan
Autorenfoto:    Sandra Krimshandl-Tauscher
(Umschlagrückseite)
Druck:    Theiss GmbH
A-9431 St. Stefan
Printed in Austria

1. Auflage, Oktober 2013

# SABINE STANDENAT

# LIEBST DU DICH SCHON ODER QUÄLST DU DICH NOCH?

Mit Selbstliebe Körper und Seele heilen

kneipp verlag
WIEN

# INHALT

## Für alle

„Als ich mich wirklich selbst zu lieben begann, habe ich aufgehört, mich nach einem anderen Leben zu sehnen. Ich sah, dass alles rund um mich eine Aufforderung war, zu wachsen. Ich habe mich von allem befreit, was nicht gesund für mich war – Speisen, Menschen, Dingen, Situationen. Ich habe verstanden, dass ich immer zur richtigen Zeit am richtigen Ort bin und dass alles, was geschieht, geschehen soll. Ich erkannte, dass Schmerz ein Signal ist, dass ich gegen meine eigene Wahrheit lebe, und änderte das. Ich fürchtete mich nicht mehr vor Konflikten, denn sogar Sterne knallen aufeinander und dabei entstehen neue Welten. Heute weiß ich: **Das ist das Leben!**"
(frei nach Charlie Chaplin)

## Für euch Mädels

„Kopf hoch, Prinzessin! Sonst fällt deine Krone herunter."

# VORWORT

„In mir zerbricht alles. Ich wundere mich nur, dass noch etwas da ist, das zerbrechen kann." „Ich bin eine einzige Wunde, die niemals aufhört zu bluten. Wie lange wird dieses Blut noch fließen, bis es endlich zu Ende ist? Ich kann nicht mehr."

Das sind Tagebucheintragungen aus meinen schlimmen Jahren. Ich bin Psychologin **und** Betroffene. Nach einem Motorradunfall als siebzehnjähriges Mädchen änderte sich mein Leben radikal. Ich habe in der Folge an mir selbst erfahren, was es bedeutet, an schlimmsten Panikattacken zu leiden und dem Nichts der Depression ausgeliefert zu sein. Ich weiß, wie es sich anfühlt, wenn körperliche Beeinträchtigungen das Leben zur Hölle machen. So litt ich an ständigen Rücken- und Nackenschmerzen (die schließlich in vier Bandscheibenvorfällen mündeten), Migräne, qualvoll juckender Neurodermitis, Schwächezuständen, Blutdruckschwankungen, Herzrasen, plötzlicher Übelkeit mit Brechreiz, Schlaflosigkeit, Schwindel und heftigen Verdauungsbeschwerden. Trotz dieser „Zustände" versuchte ich so etwas wie Alltag zu leben, was immer wieder nicht gelang. Da ich extrem viel Energie benötigte, um irgendwie zu „funktionieren", fand ich mich einige Male in der Situation, dass sowohl meine Psyche als auch mein Körper nicht mehr konnten. Diese Zusammenbrüche waren wie Todeserfahrungen und dauerten jedes Mal viele Monate. Ich liebte mich nicht nur **nicht**, sondern verabscheute mich regelrecht. Wenn ich ehrlich bin, hasste ich alles an mir: den Körper, der mich im Stich ließ, und meine Psyche, weil sie den vielen Ängsten immer wieder unterlag. Ich konsultierte viele Ärzte, Therapeuten, Heiler und Medien. Niemand konnte mir helfen, und das war das Allerschlimmste. Ich blickte in ratlose Gesichter und wurde immer wieder weggeschickt. So kam zu all dem Leid noch völlige Hoffnungslosigkeit. Die Experten konnten nichts für mich tun und ich selbst schon gar nicht. Was sollte nun aus mir werden?

Heute weiß ich, dass jedes einzelne Symptom und jeder Leidenszustand eine einzige Botschaft für mich hatte: **Liebe dich selbst!** Trotz meiner Ausbildung und fast lebenslanger Beschäftigung mit dem Thema dauerte es lange, bis ich wirklich begriff, was das bedeutet. Aber seit ich mich liebe, ist alles anders. Ich habe den ewigen Kampf gegen meinen Körper beendet und achte nun aufmerksam darauf, was er mir zu sagen hat. Die Angst ist manchmal noch da, aber nachdem sie ihre Aufgabe zum großen Teil erfüllt hat, wird sie mich ganz verlassen. Zu meinem allerhöchsten Erstaunen bin ich, die sich nur von Tag zu Tag quälte, nun unendlich dankbar für dieses Leben. Mit Neugier und Fröhlichkeit probiere ich aus, was funktioniert und was nicht. Und mit Freude nehme ich zur Kenntnis, dass ich als Krebs im Sternzeichen auch schwierige Herausforderungen plötzlich entspannter sehe.

Ich hätte nie gedacht, dass ich das noch einmal sagen würde: Ich bin glücklich! Und das, obwohl noch viele Wünsche offen sind. Ich habe vorher nie verstanden, was es bedeutet, mit einer dankbaren Grundeinstellung zu leben oder gar „ohne Grund" glücklich zu sein. Warum auch? Schließlich gab es für mich fast nur Leid und Schmerz. Jetzt erlebe ich es und fühle mich wie befreit. Seitdem ich mich liebe, ist das Gras grüner, die Bäume berühren den Himmel und der Duft meiner geliebten Rosen ist berauschend. Ich sehe Licht, wo vorher nur Dunkelheit war, und eine Perspektive, wo früher alles zu Ende schien. Das schaffst du auch!

Bitte verlier nicht den Mut, wenn das für dich fast hohnvoll klingt. Du bist nicht alleine! Es gibt viele von uns da draußen, die unter Qualen ihren Weg gehen, sich nicht lieben und darüber verzweifeln. Es gibt viele, die mit Angst und Panik leben, an Depressionen fast scheitern und mit körperlichen Beeinträchtigungen kämpfen.

Ich habe auf meinen Höllenpfaden so unendlich viel gelernt und gebe das nun in den Büchern, der psychologischen Praxis und den Seminaren „Liebe dich selbst, dann liebt dich das Leben" weiter. Du und ich – wir können unser Leben zum Positiven verändern. **Wie** mächtig wir in Wahrheit sind, hat jetzt auch die Wissenschaft bestätigt.

Ich freue mich, wenn meine Erfahrungen dir helfen.

*Deine*
*Sabine Standenat*

# SELBSTLIEBE UND DIE KUNST, SICH SELBST ZU QUÄLEN

Ich habe festgestellt, dass Menschen, die sich nicht lieben, es nicht nur dabei bewenden lassen. Sie bringen es gleichzeitig in einer anderen Disziplin zu wahren Höchstleistungen: in der Kunst, sich selbst so richtig weh zu tun. Dazu gibt es unzählige Möglichkeiten. Die meisten davon habe ich mit Erfolg angewendet. Ich habe mich abgewertet, meine Meinung unterdrückt und dann Magenschmerzen bekommen, jeden über meine Grenzen stapfen lassen, Energieräubern endlos zugehört, mich nicht gewehrt, andere über mich bestimmen lassen, meinen Körper gehasst, die Füße in zu enge Schuhe gequetscht, den Atem durch korsettartige Unterwäsche blockiert, meinen Darm mit Süßigkeiten zugemüllt, mich schuldig gefühlt für Dinge, an denen ich definitiv nicht schuld war, mich verantwortlich gefühlt für Gegebenheiten, die ich nicht ändern konnte, und mich unter Druck gesetzt, es wenigstens zu versuchen. So konnte ich es als Tierliebhaberin nicht ertragen, Bilder von gequälten Tieren zu sehen und Berichte von den grausamen Vorgängen in Schlachthöfen zu lesen. Dennoch tat ich es immer wieder, weil ich das Gefühl hatte, mich damit konfrontieren zu **müssen**. Der Effekt war, dass ich deswegen völlig außer mir war. Davon hatte kein einziges Tier einen Nutzen und ich selbst auch nicht. Ich liebe Tiere über alles, aber in der Zwischenzeit auch mich selbst. Deshalb habe ich beschlossen, diese Art der Quälerei zu unterlassen und lieber sinnvolle Aktionen zu setzen. So unterstütze ich jetzt meinen Patenhund Bambi, unterzeichne jede Petition zum Wohl der Tiere und bin Vegetarierin. Ich kann die Welt und mich nicht verändern, indem ich ständig über die Dunkelheit klage, sondern nur dadurch, dass ich ein Licht anzünde. Früher habe ich meine Aufmerksamkeit auf Missstände in mir und um mich gerichtet und sie damit energetisch gestärkt. Nun konzentriere ich mich darauf, was ich im Rahmen meiner Möglichkeiten tun kann.

Kurz und gut: Du kannst aus allem eine Qual machen. Vielleicht gehst du bei 40 Grad nicht schwimmen, weil du Angst hast, dich im Badeanzug zu zeigen, nimmst köstliches Essen zu dir und übergibst dich danach, arbeitest 45 Stunden am Tag, umgibst dich mit menschlichen Vampiren, die dir die Kraft absaugen, denkst überwiegend negativ, trägst Groll mit dir herum und machst dich damit krank, kontrollierst alles und jeden, treibst dich und andere mit deinem Perfektionismus in den Wahnsinn, hortest dein Geld und vergönnst dir nichts, wirfst das Geld hinaus und bist ständig am finanziellen Absturz, kannst jemanden nicht loslassen, der eindeutig nichts von dir will, ernährst deinen armen Körper mit Fastfood, machst sogar aus Entspannungsübungen eine Leistungsshow, setzt dich ununterbrochen unter Druck, gehst nie zum Arzt, gehst ständig zum Arzt, weil du nicht glauben kannst, dass du trotz deiner Beschwerden körperlich gesund bist, bewegst dich nur vom Sofa zum Kühlschrank, treibst übertrieben Sport, weil du denkst, du kannst vor etwas davonlaufen, nimmst Drogen, bist kaufsüchtig und bringst dich damit fast um Kopf und Kragen, musst spielen, trinken, rauchen oder übermäßig Sex haben, hast Angst vor jeder Bindung, hältst dich für dumm und blockierst damit deine Ausbildung, willst jemanden „bestrafen" und machst deswegen aus deinem Leben eine Baustelle, spielst einen Orgasmus vor, hast die Einstellung „Ich bin ein Opfer", denkst „Ich bin nichts, die anderen sind alles", verharrst viel zu lange im Negativen, erschöpfst dich damit, eine Rolle zu spielen, schämst dich für deine Herkunft, bleibst in einer Partnerschaft, obwohl du seelisch und/oder körperlich misshandelt wirst, lässt dich immer wieder ausnutzen, hilfst allen, nur dir nicht, rennst ständig zum Schönheitsdoktor, bist aber nie, nie, nie schön genug, schämst dich wegen deiner mangelnden

Schulbildung, dafür, dass du noch immer Single bist, noch nie Sex hattest, schon ewig keinen Sex hattest, legst dich beim Sex so hin, dass der andere vermeintlich deinen Bauch nicht sieht, findest deine Brüste zu klein, dein Hinterteil zu schwammig und die Oberschenkel schwabbelig, den Penis zu kurz, stehst nicht zu deiner Wohnung und lässt deshalb niemand hinein, hast Panikattacken oder Platzangst, was aber niemand merken darf, trägst eine Zahnprothese und willst deshalb nicht küssen, liegst deutlich über Größe 38 und peinigst dich jeden Tag damit, beneidest jeden, der attraktiv ist, Erfolg hat, in einer Partnerschaft lebt, über viel Geld verfügt und extrovertiert ist, erstickst fast an deinen versteckten Aggressionen, verwandelst innere Spannungen in Migräne, Herzbeschwerden, Blutdruckschwankungen, Darmprobleme, Hautausschläge, Schwindel, Magenschmerzen, Rückenschmerzen, Angstzustände oder Depressionen, verweigerst eine Therapie, „weil du ja schließlich nicht verrückt bist". Und die vielen Verletzungen haben nicht zu deinem Wachstum beigetragen, sondern zur Verbitterung. Das oder noch viel mehr tust du dir an, wenn du dich nicht liebst. Denn dann ist dein Autopilot auf Zerstörung programmiert – auf deine und auf die von anderen. Das ist kein gemütliches Leben und du solltest dir etwas anderes wünschen. Aber deine Wünsche werden erst Wirklichkeit, wenn du dich für wertvoll genug erachtest, sie erfüllt zu bekommen. Der erste Schritt dazu ist die Selbstliebe. Dich selbst zu lieben, als das, was du hier und jetzt nun einmal bist, ist die Voraussetzung für jede positive Veränderung in deinem Leben. Wenn du versuchst, dich darum herum zu schummeln, landest du unweigerlich wieder beim Start.

Früher habe ich mich für viele Dinge streng verurteilt: das Gewicht, meine Unfähigkeit, die schlimmen Panikzustände zu besiegen, solch ein sensibles Nervensystem zu besitzen, nicht so belastbar zu sein wie andere, Angst vor Menschen zu haben, den Wunsch zu verspüren, dass immer jemand da sein soll, der sich um mich kümmert, weil ich überzeugt war, es alleine nicht zu schaffen, nicht besonders praktisch veranlagt zu sein, solch einen anfälligen Körper zu haben, mit Geld nicht umgehen zu können und vieles mehr. Dann begann ich mich selbst zu lieben. Langsam, zögerlich, einen Schritt nach vorne und drei zurück. Immer wieder fiel ich in das alte Muster der Selbstzerstörung. Aber ich gab nicht auf. Ich hatte kapiert, dass ich gut zu mir sein muss, weil das Haus meines Lebens sonst auf einem unsicheren Sandfundament steht. Denn Selbstliebe ist die gesunde Basis, auf der alles andere aufbaut. Irgendwann ging ich dann drei Schritte nach vorne und nur mehr einen zurück. So kam ich mühsam, aber doch weiter. Heute erkenne ich es sofort, wenn meine selbstquälerischen Mechanismen wieder aktiv werden. Ich kann das nicht immer verhindern, aber ich sorge nun dafür, dass sie möglichst schnell wieder verschwinden. So kläre ich, ob ich in einer bestimmten Situation die Verantwortung habe und übernehme sie dann auch. Aber ich fühle mich nicht mehr automatisch zuständig dafür, die Managerin des Universums zu sein. Ich bin auch nicht mehr an allem schuld, außer ich bin es tatsächlich. Dann versuche ich die Situation wieder zu entspannen. Ich habe gelernt, Grenzen zu setzen, trage meist gute Schuhe, außer wenn High Heels wirklich ein „Must" sind, kaufe auch Unterwäsche, in der ich normal atmen kann, lasse die Schokolade öfter im Regal und lebe nun in einem liebevollen Verhältnis zu meinem Körper (nun ja, meist). Ich akzeptiere, dass noch ein innerer Prozess ablaufen muss, bevor ich die restlichen Kilos loslassen kann und beschimpfe nicht mehr täglich mein Spiegelbild. Ich lache mehr und weine weniger. Trotz Sternzeichen Krebs nehme ich die Dinge leichter. Klingt das nicht nach einem entspannteren Lebenskonzept als der verzweifelte Versuch, immer die Kontrolle zu haben oder in der Opferrolle zu verharren? Ist es nicht viel lockerer, Dinge zu akzeptieren, die du im Moment nicht ändern kannst? Und zu klären, was du kontrollieren kannst und was nicht? Finde auch heraus, in welchen Bereichen du tatsächlich Verantwortung trägst. Das erspart dir sinnlose Aufregung und eine Unmenge an Energie, die du anderweitig nutzen kannst.

## Wenn du dich nicht liebst,
## wirst du dich immer weiter quälen

Denn tief in deinem Inneren läuft das Programm „Ich darf nicht glücklich sein". Das kann sich auch darin zeigen, dass du Beziehungen boykottierst, die eine echte Chance hätten. Eine meiner Klientinnen erzählte mir, dass sie es einfach nicht glaubt, wenn ein Mann sagt, dass er sie liebt. Das kann nicht wahr sein, denn wer würde so weit gehen, sie zu lieben? Wenn ihr jemand ein Kompliment über das Kleid macht, wehrt sie ab, indem sie betont, wie billig es doch gewesen ist. Oder alt. Ob die Person denn nicht bemerkt, dass der Farbton nicht zu ihrem Teint passt. Du sagst, dass ihre Haare schön sind, und sie wird darauf hinweisen, dass sie nur dünne Federn am Kopf hat. Wenn du die Figur bewunderst, erfährst du deren schlimme Mängel, auch wenn sie aussieht wie die junge Brigitte Bardot. Und gratulierst du ihr zu einem Erfolg, hatte sie einfach nur Glück. Das ist Selbstquälerei pur, weil nichts Positives die Abwehrschranke ihrer „Nicht-Liebe" überwinden kann.

Natürlich quälen sich auch Männer, aber es sieht meist anders aus. Sie leiden übermäßig, wenn ihr Auto eine Schramme hat, stemmen im Fitnessstudio Hanteln, die eigentlich zu schwer sind, und plagen sich eventuell mit Schüchternheit. Unter Umständen sind sie homosexuell und wollen sich nicht outen. Sehr oft geben sie es nicht einmal vor sich selbst zu. Aber selten haben sie an ihrem Äußeren so viel auszusetzen wie Frauen. Auch Schuldgefühle sind keine wahre Männerdomäne, sondern werden eher vom weiblichen Geschlecht kultiviert. Sie laufen vielleicht Frauen nach, die sie niemals bekommen, aber das tun Frauen ja umgekehrt auch.

**Jetzt** ist der Augenblick gekommen, in dem die Kunst, sich selbst zu quälen, endet. Versprich dir einfach, dass du ab sofort in jeder Hinsicht gut für dich sorgst. Wer soll es sonst tun? Nimm eventuelle Rückschläge gelassen zur Kenntnis. Denn ab jetzt liebst du dich – in guten und in schlechten Tagen.

# FRAUENSACHEN – MÄNNERSACHEN

# SELBSTLIEBE UND SINGLE SEIN

Du bist also Single. Es gibt nun vier Möglichkeiten, wie du zu diesem Schicksal stehst:

1. Du bist todunglücklich und möchtest diesen Zustand so schnell als möglich beenden.
2. Du akzeptierst es und denkst, dass sich das schon wieder geben wird.
3. Du findest das im Moment super.
4. Du bist überzeugter Single und hast nicht vor, diesen Zustand zu ändern.

Ich gehe davon aus, dass die Punkte 2 und 3, wenn sie zutreffen, kein großes Problem für dich darstellen. Wenn du unter Punkt 4 fällst, bist du entweder wirklich lieber alleine oder in deinem Unterbewusstsein finden sich tiefe Ängste. Solche Ängste können sein: Du befürchtest, dass du nicht mehr in deinem Rhythmus leben kannst, wenn eine zweite Person dein Leben teilt, du leidest an starken Minderwertigkeitsgefühlen und willst dich auf keinen Fall Verletzungen oder einer Zurückweisung aussetzen, hast eine enorm starke Elternbindung und möchtest Vater und Mutter „nicht weh tun", warst in der Kindheit hilflos großen Machtmanipulationen ausgesetzt und willst so etwas nie wieder erleben, hast schlechte Erfahrungen gemacht und sagst: „Ich habe endgültig genug von Partnerschaften." Du frönst Angewohnheiten, die einer Beziehung entgegenstehen, wie Sexsucht, ungewöhnliche sexuelle Vorlieben, überhaupt kein sexuelles Interesse, ein zeitaufwendiges Hobby. Wenn du erkennst, dass Ängste der Grund für dein Single-Dasein sind, setz dich einfach noch einmal damit auseinander, ob sie heute noch Gültigkeit haben. Du musst als Erwachsener keinen Missbrauch an deiner Person mehr dulden, spielst bei der Auswahl eines Partners schließlich selbst eine Rolle und kannst, wenn nötig, auch therapeutische Unterstützung suchen. Natürlich ist es nicht „richtig", in einer Beziehung zu leben, und „falsch", als Single durchs Leben zu gehen. Du solltest nur beides aus den richtigen Gründen tun. Es ist nicht gut für deine Selbstliebe, wenn du zwanghaft einen Partner suchst. Aber es ist auch schade, wenn du aus Angst alleine bleibst.

Möglicherweise stehst du unter ungeheurem Leidensdruck, weil du dir nichts sehnlicher wünscht als eine Partnerschaft. Doch es klappt einfach nicht. Entweder kommt gar niemand in deine Nähe, du triffst immer den oder die Falsche, es gibt einen verheißungsvollen Beginn, endet aber schnell oder nach einer gewissen Zeit. Besonders schlimm empfinden Frauen diesen Zustand, die sich Kinder wünschen und ihre biologische Uhr ticken hören. Auch Frauen, in deren Leben es keine Uhr mehr gibt, leiden häufig unter Einsamkeit. Die Jugend ist vorbei, das Alter naht oder ist schon da und dieses „Vielleicht nie wieder" steht fast drohend im Raum. In der Regel haben es Männer in dieser Lebensphase leichter, weil es eben mehr Frauen gibt. Die wenigen Exemplare sind dann sehr umschwärmt und haben große Auswahl.

In jungen Jahren leiden auch männliche Wesen darunter, dass sie niemanden finden. Meist sind das eher sensible Typen, die überromantische Vorstellungen haben, sehr an der Mami hängen, sich vor der Rolle als Mann fürchten und lieber „Kind" bleiben. Oder sie sind so tief von ihrer Wertlosigkeit überzeugt, dass sie auch offensichtliches Interesse der Damenwelt ignorieren. Ich erinnere mich an einen ca. 40-jährigen Teilnehmer aus meinem Selbstliebekurs, der so gut aussah, dass die gesamte Weiblichkeit – inklusive meiner Person – den Blick nicht von ihm wenden konnte. Groß, durchtrainiert, maskulin, guter Beruf. Aber er bestand dermaßen auf seiner Minderwertigkeit, wie ich das sonst nur von Frauen kenne. Er stellte jede potenzielle Partnerin auf ein Podest, weil er sich ihrer nicht würdig fühlte, bezeichnete sich als schlechten Liebhaber und blockierte sein Glück, wo er nur konnte. Das war keine Koketterie, sondern er fühlte sich wirklich in jeder Hinsicht unattraktiv. Die Annäherungsversuche durchaus hübscher und grundsätzlich passender Damen wehrte er ab oder ignorierte sie, weil es nicht möglich war, dass „so eine Frau" sich für ihn interessierte. Aber immerhin hatte er erkannt, dass die mangelnde Selbstliebe sein Problem war, sonst wäre er wohl nicht in den Kurs gekommen.

Machen wir uns nichts vor: Den oder die Richtige findet man in der Regel nicht auf Knopfdruck. Wenn du also ein unglücklicher Single bist, ist es sehr lohnend, sich ein paar Gedanken zu machen: Ich weiß, du wünschst dir nichts mehr als einen Menschen an deiner Seite. Ohne sie oder ihn hat das Leben keinen Sinn. Du hast es so satt, alleine zu sein, keine Lust mehr, Paaren sehnsuchtsvoll hinterherzustarren und null Bock, immer wieder abends auf Aufriss zu gehen. Jedes Mal, wenn du dich zum Ausgehen fertig machst, denkst du, dass du ihm oder ihr heute begegnen wirst. Und deine Enttäuschung, wenn das wieder nicht der Fall war, ist grenzenlos. Dann weinst du dich in den Schlaf, schwörst, dass du nie wieder ausgehen wirst, oder bist total frustriert – bis zum nächsten Mal. In diversen Onlinebörsen bist du Stammgast und verbringst Stunden damit, passende Kandidaten zu identifizieren. Manchmal triffst du jemanden, hie und da kommt es auch zu etwas mehr als nichts. Aber dann ist wieder Funkstille. Es kann auch sein, dass er oder sie einfach nicht reagiert. Das ist besonders tragisch, weil du dich zurückgewiesen fühlst und außerdem überzeugt bist, dass aus euch ein Traumpaar geworden wäre, wenn diese Person dich nur kennengelernt hätte. Was du auch tust, wo du auch hingehst – es funktioniert nicht. Du wirst immer trauriger und verzweifelter. Und du fragst dich, was bloß mit dir nicht stimmt. Im schlimmsten Falle ziehst du dich als Frau oder Mann komplett in Zweifel. Dann bist du nicht attraktiv genug, nicht interessant genug und vor allem offenbar nichts wert. Schließlich haben fast alle jemanden, nur du nicht. Bitte tu das nicht. Natürlich ist die Versuchung groß, dich als Außenseiter oder Alien zu sehen. Aber glaub mir, es hat einen Grund, warum „es" nicht gelingt. Und der liegt zu 99 Prozent darin, dass du dich selbst nicht genug liebst.

Möglicherweise ist es sehr sinnvoll, dass du dich vor der nächsten Partnerschaft zunächst mit deiner Selbstliebe auseinandersetzt. Denn es ist ein psychologisches Gesetz, dass du auf geheimnisvolle Weise Partner in dein Leben ziehst, die das gleiche „Selbstliebeniveau" haben wie du. Wenn du dich also nicht liebst, tut der andere das auch nicht. Dann verbinden sich die alten Muster, aber nicht eure Herzen. Du hast sicher schon Partner gehabt, mit denen es nicht geklappt hat. Mit dem nächsten soll es besser werden, viel besser. Dafür ist es aber nötig, dass du selbst liebevoller mit dir umgehst. Sonst wirst du auf die eine oder andere Art wieder dort landen, wo du schon warst: am Ende einer Beziehung, die nicht funktioniert. Daher verschafft dir deine Seele nun die Zeit, bestimmte Lernprozesse zu vollziehen. Nutze also die partnerlose Phase nicht nur dazu, dein Schicksal zu beklagen, sondern dir selbst mehr Wärme und Güte entgegenzubringen. Wenn du dich nicht liebst, ist dein Herz verschlossen. Und so sicher wie das Amen im Gebet wird auch das Herz der neuen Person nicht offen sein. Nicht wirklich. Willst du das? Möchtest du ewig und immer wieder Szenarien wiederholen, die nur alten Prägungen entsprechen?

Die Singlezeit kann eine der wertvollsten Erfahrungen deines Lebens sein, wenn du sie als Chance siehst und nicht als Strafe oder Versagen. Lerne dich selber kennen, freu dich, dass es im Moment nur ein „Ich" gibt und kein „Wir". Mach Seminare, besuche Kurse, lerne neue Menschen kennen und finde heraus, was dich glücklich macht. Ich weiß, dass du mir in diesem Moment antworten würdest: „Ich kann nur dann glücklich sein, wenn ich einen Partner an meiner Seite habe." Aber müsste die Antwort nicht lauten: „Wenn ich den **richtigen** Partner an meiner Seite habe"? Die Wahrscheinlichkeit dafür steigt enorm, wenn du es nicht dem oder der Neuen aufbürdest, dich glücklich zu machen. Ich verspreche dir, dass das nicht klappt. Es ist viel besser, du findest heraus, wie du dein Leben gestalten möchtest, **bevor** du wieder eine Beziehung eingehst. Dann weißt du, was du willst, was du keinesfalls willst oder wo du bereit bist, Kompromisse zu machen. Der andere hat die Zeit, bevor er dich traf, auch damit verbracht, sich ein paar Gedanken zu machen. Und so trifft ein Glücklicher einen anderen Glücklichen. Die nächste psychologische Tatsache: Am glücklichsten wird die Beziehung von zwei Glücklichen. Da gibt es dann keinen „emotional Lahmen", der sich an einen „emotional Blinden" klammert, sondern zwei Menschen, die wissen, was ihnen guttut. Und was nicht. Denkst du nicht, dass eine Beziehung, die so beginnt, mehr Chancen hat als eine, die aus tiefer Not entsteht? Wenn du sehr bedürftig bist oder extrem einsam warst, wirst du alle Alarmglocken überhören, die dich rechtzeitig warnen. Du willst nur diesem schrecklichen Single-Dasein entkommen. Und dabei blendest du alles aus, was sich sehr schnell als störend herausstellen wird. Lass los. Dein Partner kommt nicht umso rascher zu dir, je verbissener du nach ihm suchst. Natürlich kannst du Gelegenheiten schaffen oder Chancen nutzen. Geh unter Leute, schau im Internet, auf der Straße und im Supermarkt. Halte einfach deine schönen Augen offen, aber tu das mit Humor. Je mehr Leichtigkeit du empfindest, desto interessanter bist du. Menschen haben ein feines Gespür dafür, wenn ihr Gegenüber **unbedingt** eine Partnerschaft will. Das ist nicht anziehend, sondern schreckt ab.

Es gibt etwas, dass du ganz pragmatisch tun kannst: Lies „Das große Single-Handbuch" von Eva Fischer (Kneipp-Verlag, 2013), das dir Infos, Tipps und frische Ideen für den Weg zur Liebe zeigt. Die Autorin hat jahrelange Erfahrung als Coach für Menschen auf Partnersuche. Hast du zum Beispiel gewusst, dass Fotos von Frauen, die rot enthalten, auf Online-Partnerbörsen öfter angeklickt werden? Eva Fischer und ihr kleines Team bieten auch ihre Dienste als „DieLiebesFischer" an. Sie „fischen" in allen geeigneten Partnerbörsen und du bekommst nur Vorschläge von Singles, die bereits Interesse an einem Kennenlernen gezeigt haben. Damit sparst du Zeit und eventuelle Zurückweisungen. Eva selbst hat ihre große Liebe im Netz gefunden und ist nun schon seit zehn Jahren glücklich.

Du willst Hand in Hand ins Wochenende und durchs Leben gehen, kuscheln, reden, Sex haben, Boot fahren, wandern oder reisen. Vielleicht planst du Kinder und träumst von einem Häuschen mit Garten. Oder du sehnst dich nach deinem Seelenpartner, der dich versteht und bei dem du „angekommen" bist. Liebe dich selbst, und deine Chancen, all das zu verwirklichen, steigen enorm.

# SELBSTLIEBE UND NÄHEANGST – WIESO SCHAFFE ICH DISTANZ, OBWOHL ICH NÄHE MÖCHTE?

Welche Aussage könnte von dir stammen? „Ich habe das Gefühl, dass ich in einer Partnerschaft sehr viel gebe und immer zu wenig zurückbekomme." Oder: „In Beziehungen fühle ich mich oft eingeengt – so, als ob es mir die Luft abschnürt." Falls der erste Satz genau auf dich zutrifft, nennen wir dich in der Folge mal Mausi – süß, klein und grau. Der oder die Eingeengte heißt Bocki. Bocki trägt Hörner, mit denen er jemanden wegstoßen kann, und hat flinke Beine, die wunderbar zur Flucht geeignet sind. In den Therapiestunden oder in den Seminaren habe ich dafür kleine Figuren, die den beiden Tierchen entsprechen. Bocki und Mausi spielen das grausige Spiel „Komm her, geh weg", das sie nur miteinander spielen können. Dieses Spiel geht so: Mausi möchte Zuwendung, Aufmerksamkeit, Zeit, Verlässlichkeit, eine gewisse Planung für Wochenende und Urlaub, will Familie und Freunden vorgestellt werden und auf der Straße Hand in Hand gehen. Außerdem legt Mausi Wert darauf, dass Bocki öfter „Ich liebe dich" sagt, ohne dass sie ihm das abpressen muss. Sie schätzt es auch sehr, wenn sein Handy eingeschaltet ist und er SMS, Facebook-Nachrichten oder E-Mails beantwortet. Und das nicht erst im nächsten Jahrtausend, sondern sofort bis ehebaldigst. Als Entschuldigung, das nicht zu tun, gilt nur, dass er Arzt ist und gerade Leben rettet. Viele.

Und mit diesen Wünschen gerät Mausi nun an Bocki. Bocki ist ja lieb, aber nicht immer. Er braucht offenbar vom Liebsein seine Auszeiten, und das sieht dann so aus: Verabredete Anrufe und Termine werden nicht eingehalten oder kurzfristig abgesagt und SMS – auch solche mit „Hab dich lieb" – beantwortet er erst nach Stunden. Oder gar nicht. Auf Urlaubsplanung reagiert er vage, und dasselbe gilt für etwaige Unternehmungen, die das nächste Wochenende betreffen. „Ich ruf dich noch an" oder „Wir werden sehen" sind an diese Stelle beliebte Floskeln. Bocki lässt sich manchmal ordentlich Zeit, Freunde und Verwandte vom neuen Beziehungsstatus zu informieren. Überhaupt neigt er dazu, eher das Verhalten eines Singles an den Tag zu legen. Im extremen Fall ist sein Handy abgeschaltet und er ist nicht erreichbar. Mausi fleht, weint, macht ihm Vorwürfe. Auf jeden Fall leidet sie enorm. Denn auch die durchaus vorhandenen Zwischenhochs halten nicht lange an, wobei der Cocktail aus Leidenschaft und Drama auch seinen Reiz hat. Aber Mausi kann ihre Uhr danach stellen, dass nach besonders schönen Stunden unweigerlich der Absturz kommt. Bocki bricht einen Streit vom Zaun, ist plötzlich „komisch" oder verschwindet wieder einmal. Mausi will wissen, was los ist und warum er das macht. Sollte sie ihn für diesbezügliche Fragestellungen erreichen, gibt es meist keine Antwort oder sie bekommt die Schuld zugewiesen. Er ist so, weil sie das oder jenes getan oder nicht getan hat. Und so geht das immer weiter und weiter. Es könnte nun allerdings der Fall eintreten, dass Bocki den Bogen doch überspannt. Es ist kaum zu glauben, aber Mausi hat genug. Sie zieht sich zurück und Bocki hat nun keinen Grund mehr, sich eingeengt zu fühlen. Das macht ihn jedoch eigenartigerweise nicht glücklich, sondern unruhig. Plötzlich entsinnt er sich, was für ein tolles Mausi seine Maus doch ist, und setzt nun alles daran, sie zurückzuholen. Dabei zeigt er großes Engagement und Mausi kann ihr Glück kaum fassen. Endlich hat der Mann kapiert, was er an ihr hat. Freudig stürzt sie in seine Arme. Diese Arme umfassen sie, aber gerade nur so lange, bis Bocki sich erneut eingeengt fühlt. Und das geht relativ rasch. Mausi versteht die Welt nicht mehr und wieder kullern die Tränen.

Es ist wichtig zu erwähnen, dass sich die Rollen von Mausi und Bocki in anderen Beziehungen umdrehen können. Dann wird der stolze Bock zum Mäuschen, das hinterherläuft, und dem kleinen grauen

Tierchen wachsen Hörner. In manchen Fällen ändert sich die Rollen-verteilung sogar in der gleichen Partnerschaft. Aber letztlich ist das auch egal, denn das Ergebnis ist dasselbe – keine Nähe. Das ist das be-rühmte Mausi-Bocki-Spiel, das in verschiedenen Varianten rund um die Erde gespielt wird.

Die Frage ist nun: Wer bist du? Gehörst du – unabhängig vom Ge-schlecht – zu den Mäusen oder zu den Böcken? Und was um Him-mels willen geschieht da eigentlich? In solchen Fällen kommen zwei Menschen zusammen, die irgendwann in der Kindheit gelernt haben, dass Liebe weh tut – weil sie nicht erfüllt wird, weil sie erdrückend ist, weil sie auf die wahren Bedürfnisse des Kindes nicht eingeht. Kinder spüren das auf sehr, sehr schmerzhafte Weise. Und sie treffen – unbe-wusst – eine folgenschwere Entscheidung: „Mit dieser ganzen Liebe- und Nähesache möchte ich nichts mehr zu tun haben. Da werde ich nur verletzt, das tut weh, da halte ich mich fern." Das Kind wächst auf und hat dieses Versprechen an sich selbst natürlich längst vergessen. Und wünscht sich wie die meisten Menschen liebevolle Beziehungen. Aber jetzt kommt das Muster aus dem Unterbewusstsein zum Tragen und entfaltet unbestechlich seine Wirkung: „Nähe? Nein, auf keinen Fall!" Und so suchen sich die Mausis und Bockis dieser Welt instinktiv Partner, mit denen emotionale Nähe einfach nicht möglich ist. Damit ist das damalige Versprechen an sich selbst erfüllt. Damit wir uns rich-tig verstehen: Zu dieser Zeit hatte es auch seine Berechtigung. Viele von uns wurden in ihrer Sehnsucht nach Liebe und Zuwendung zutiefst verletzt. Aber damals waren wir den Umständen hilflos ausgeliefert. Wie konnten nicht einfach gehen, eine Türe zuknallen oder einen Kof-fer packen. All das und vieles mehr können wir heute tun. Wir müs-sen schlechte Behandlung, Missachtung oder Lieblosigkeit nicht mehr einfach hinnehmen. Das heißt im Klartext: Schmerz ist Schmerz und tut immer weh. Aber im Gegensatz zu früher können wir heute etwas dagegen unternehmen. Statt uns also aus dem Unterbewusstsein her-aus Bindungen zu wählen, die Nähe niemals zulassen, sollten wir uns einfach einmal trauen. Aber wir müssen die Spielregeln kennen, um sie zu brechen. Diese Regeln funktionieren so: Eine Beziehung zwischen

Bocki und Mausi entsteht deswegen, weil beide im Unterbewusstsein wissen, dass sie sich aufeinander verlassen können. Unsichtbare Wellen ziehen sie quasi zueinander hin, weil sie regelrecht riechen, dass der eine dem anderen nachlaufen wird, ihn aber nie richtig bekommt. Das Motto dieser Beziehungsdynamik heißt im Mausifalle: „Versprich mir, dass ich dich jagen kann, aber nie kriegen werde." Und Bocki sagt: „Keine Sorge. Ich verspreche, dass ich immer vor dir davonlaufen werde." Und das ist der Sinn des Ganzen. Wirkliche Nähe darf nicht entstehen, weil sich **beide** extrem davor fürchten. Solltest du zur Mausifraktion gehören, kann ich dich jetzt richtig aufschreien hören. „Wie bitte? Ich will doch nichts anderes als Nähe, nur das, jetzt und für immer und ewig!" Na klar, kleine Maus – und dann suchst du dir ausgerechnet Bocki aus, mit dem das sicher gar nicht geht? Und ich wette, dass das auch nicht dein erster Bock ist, oder? Liebe Mausis dieser Erde, ihr verhindert Nähe, indem ihr euch Böcke sucht und nicht Männer, die liebevoll und partnerschaftsfähig sind. Das tut ihr aus genau einem Grund: Ihr selbst fürchtet die Nähe genauso wie die von euch verfolgten Hörnerträger. Denn ein Mensch, der sich nach Nähe sehnt und diese auch leben will, würde nicht jahrelang hinter einem ewig flüchtenden Bock herlaufen, sondern selbst das Weite suchen.

Bei den Bockis ist die Näheangst offensichtlicher. Sie sind zwar möglicherweise „fix gebunden", reisen aber beruflich in der Weltgeschichte herum, sind Workaholics, haben zeitintensive Hobbys, Exfrauen, die noch eine Rolle spielen, können ihre Gefühle nicht ausdrücken, verhalten sich egoistisch, haben ein reges Freundesleben, das sie aber lieber alleine pflegen, sind untreu, leben in gewisser Entfernung, stammen aus einem anderen Kulturkreis und denken nicht daran, Kompromisse zu schließen, sind kommunikationsunfähig, wollen immer recht haben, sind stur, schüchtern den anderen durch Dominanz und Lautstärke ein. Mit Menschen, die so gestrickt sind und keinen wie immer gearteten Veränderungswillen zeigen, kann wirkliche Nähe nie entstehen.

Liebe Mäuse, wenn ihr beginnt euch selbst immer mehr zu lieben, wird das bisherige Muster aus dem Unbewussten immer schwächer.

Langsam, aber sicher werdet ihr zu der Auffassung kommen, dass ihr liebevolle Partner verdient, und euer eigenes Näheangstverhalten hinterfragen. Der erste Schritt besteht darin, überhaupt zu erkennen und zuzugeben, dass ihr selbst Nähe fürchtet. Ihr schafft also Distanz, indem ihr Partner wählt, die euch nie nahe kommen lassen. Ihr Mäuschen, bitte hört mit diesem Unsinn auf! Als ehemalige Maus weiß ich, wie erschöpfend und zermürbend solche Partnerschaften sind. Wir sind es wert, einen Menschen an unserer Seite zu haben, der sich freut, dass wir in seinem Leben sind. Wenn ihr das alleine nicht schafft, sucht euch therapeutische Hilfe. Ich habe das auch gemacht, denn alte Muster sitzen tief.

Liebe Böcke, euer Distanzschaffen ist ja offensichtlich. Aber ehrlich, seid ihr mit eurem ewigen Davonlaufen glücklich? Es hat den Anschein, als ob ihr die Stärkeren seid. Aber im Endeffekt steht ihr genauso mit leerem Herzen da wie die Mäuse. Es sei denn, ihr wollt wirklich nur unabhängig leben. Solche Menschen gibt es natürlich. Aber dann ist es nur fair, dem anderen nichts vorzuspielen. Also setzt einen Akt der Selbstliebe und findet heraus, welche alten Verletzungen euch dazu zwingen, immer wegzulaufen. Schließlich ist das Leben zu kurz, um es mit Spielen zu verbringen, die nirgendwohin führen.

# SELBSTLIEBE UND SEX

Es gibt kaum einen Bereich des Lebens, in dem so viel Unsicherheit herrscht wie bei der Sexualität. Als Psychologin erfahre ich viel darüber, was die Menschen sexuell bewegt. Worin auch immer das Problem besteht, mit dem jemand zu mir kommt – irgendwann landen wir beim Thema Sex. Auch im Selbstliebeseminar gibt es eine Einheit, die dem Thema gewidmet ist. Zunächst gibt es bei Ankündigung der Stunde über Sexualität Gekicher und flapsige Bemerkungen. Aber wenn der große Abend da ist, sehe ich verlegene Gesichter und Blicke, die zum Fenster wandern. Es ist so still, dass man die berühmte Stecknadel kilometerweit fallen hören könnte. Inzwischen habe ich mich schon daran gewöhnt, aber anfänglich hat mich das große Schweigen doch überrascht. Wir leben im dritten Jahrtausend und man sollte meinen, dass wir die Scham, über Sex zu reden, im letzten Jahrhundert zurückgelassen haben. Aber so ist das bei weitem nicht.

Hast du ein glückliches Sexualleben? Wie schön! Sei dir bitte klar, dass du einer Minderheit angehörst. Oder bist du im Club derer, die felsenfest davon überzeugt sind, dass alle in ihren Betten ekstatisches Vergnügen finden, nur du nicht? Ich war lange Zeit Mitglied in diesem Verein. Ich hatte den Eindruck, dass überall um mich herum die Leute stöhnen und sich in wilder Lust wälzen, während bei mir das Thema Sexualität von Anfang an problembeladen war. Das begann damit, dass mein Jungfernhäutchen so stark war, dass es unter Narkose entfernt werden musste. Du kannst dir vorstellen, welches Gemetzel mit meinem damaligen Freund dieser Operation vorausging. Laut der Aussage des Arztes muss solch ein Eingriff nur bei einer von einer Million Frauen vorgenommen werden. Mein Einstieg in den Garten der Lüste war also nicht besonders stimulierend. In der Folge hatte ich Schmerzen beim Verkehr, weil ich so verkrampft war, und konnte auch nicht zum Orgasmus kommen. Nachdem das Ganze für mich dermaßen unerfreulich ablief, versuchte ich das „Miteinander-Schlafen" so gut wie möglich zu vermeiden. Ich begann auch Orgasmen vorzutäuschen. Einerseits um in seinen Augen eine gute Geliebte zu sein, andererseits damit die ganze Aktion schneller vorbei ging. Kurz und gut: Sex war für mich Stress pur. Wenn ich irgendwo las oder hörte, dass die Frau selig entspannt in den Armen ihres Liebhabers einschlief, packte mich der Neid. Ich war nachher noch angespannter als vorher und schlafen konnte ich auch nicht. Ich verstand nicht, warum alle Welt so viel Aufhebens um die ganze Angelegenheit machte. Ich fühlte mich dermaßen unter Druck, dass ich immer wieder an starken Scheidenentzündungen litt. Das war meine Flucht aus dem Dilemma „Eigentlich will ich keinen Sex, aber ich muss ja". Das führte natürlich zu großen Spannungen in meinen Beziehungen. Erst Jahre später und dank einiger gelöster Blockaden entdeckte ich die Lust und konnte Sex genießen.

Vielleicht denkst du, dass meine Geschichte extrem ist. Aber ich kenne privat und beruflich viele Frauen, die auch nur Sex haben, damit ihr Partner nicht verstimmt ist. Meist liegt es daran, dass sie grollen, weil es sonst in der Beziehung nicht passt oder sein Verhalten im Bett egoistisch ist. So erleben sie zu wenig Zärtlichkeit, haben keinen Höhepunkt und erfüllen nur „ihre Pflicht". Natürlich können auch alte Traumata für die Lustlosigkeit verantwortlich sein. Betroffene Frauen tätigen Aussagen wie „Also ich brauche das nicht" oder „Mir ist Sex nicht wichtig". Dabei haben sie noch nie erlebt, wie es sein kann, wenn es lustvoll abläuft.

Natürlich gibt es auch das genaue Gegenteil. Da sind es die Frauen, die gerne mehr sexuelle Aktivität möchten und der Partner verweigert. Das ist auf Dauer sehr belastend. Wenn in einer Partnerschaft der Wunsch nach Sex unterschiedlich ausgeprägt ist, führt das zu massiven Spannungen.

Was hat nun Selbstliebe mit Sexualität zu tun? Selbstliebe bedeutet, dass du in jeder Hinsicht gut für dich sorgst. Wenn dich also in deinem Sexualleben **irgendetwas** belastet, solltest du dich darum kümmern. Wenn du eine Frau bist, kann das sein:

- Du wirst in der Beziehung oft gekränkt und das nimmt dir die Lust.
- Du bekommst keinen Orgasmus.
- Zu wenig Vorspiel/zu wenig Nachspiel
- Dein Partner hat Vorlieben, die dir nicht gefallen: Bestimmte Praktiken, Gegenstände, Orte …
- Zu oft/zu selten
- Sex nach Stundenplan (nur Samstag …)
- Der Geruch passt nicht.
- Ekelgefühle bezüglich Körperteilen oder -flüssigkeiten
- Ängste wegen unverarbeiteter Erfahrungen: Missbrauch, Vergewaltigung, Trennungen …
- Erektionsprobleme deines Partners
- Dein Partner ist nicht in der Lage, in dir einen Orgasmus zu bekommen.
- Sex ist „schmutzig" – eine anständige Frau tut so etwas nicht.
- Keine Lust
- Selbstbefriedigung ist stressfreier.

Wenn du ein Mann bist:
- Erektionsprobleme
- Vorzeitiger Samenerguss
- Du kannst in der Frau keinen Orgasmus bekommen.
- Zu viel/zu wenig
- Ängste vor einer Schwangerschaft, vor Hingabe, vor Bindung, aufgrund von Missbrauch
- Madonnen- bzw. Hurenkomplex:
Sex ist an sich „unanständig" und kann daher nur mit einer Frau durchgeführt werden, die eine „Hure" ist. Bei „normalen" Frauen geht gar nichts, weil man ihnen das nicht „zumuten" kann.

- Dir passt in der Beziehung einiges nicht und deshalb hast du keine Lust (bei Männern eher selten!).
- Verdeckte Homosexualität
- Selbstbefriedigung ist stressfreier.

Natürlich kann dich auch etwas stören, das auf dieser Liste nicht zu finden ist. Aber meiner Erfahrung nach sind das die häufigsten Ursachen für Probleme.

Wenn du dich selbst liebst, gestehst du dir ein, dass da etwas nicht gut läuft. Ich höre immer wieder von Frauen und Männern, dass der Sex „eigentlich gut" ist. Erst bei näherem Nachfragen wird dem- oder derjenigen klar, dass keineswegs alles in Ordnung ist. Du solltest diese Probleme nicht verdrängen, denn irgendwann holen sie dich ohnedies ein. Außerdem nimmst du dir damit die Möglichkeit, die Dinge zum Besseren zu verändern. Es ist oft schwer, dem anderen zu vermitteln, dass etwas nicht passt. Aber lass bitte nicht zu, dass du auf Dauer mit deiner Form der Sexualität unzufrieden bist, denn das legt sich wie eine graue Wolke über dich, die Beziehung und das ganze Leben. Sex ist nicht alles, aber er ist auch nicht nichts. Im idealen Falle erhöht dein Sexualleben die Lebensfreude, gibt dir Kraft und tut Seele und Körper gut. Wenn du von so einem Zustand weit entfernt bist, hilft dir die Liebe zu dir selbst, ihm näher zu kommen. Denn dann wirst du nach Lösungen suchen.

# SELBSTLIEBE UND „ADAM JAGT EVA"

Dies ist ein Kapitel für Frauen, die beschlossen haben, sich bei der Anbahnung einer Beziehung mehr zu lieben.

Kommt ihr immer wieder an Männer, mit denen es „nicht klappt"? Gleichzeitig wünscht ihr euch aber nichts mehr als eine funktionierende Beziehung? Wenn du dich in einem der folgenden Szenarien wiederfindest, lohnt es, sich über die Frage „Warum ist das so?" einige Gedanken zu machen:

1. Es fällt dir leicht, passende Herren kennenzulernen, aber aus irgendeinem Grund verlieren diese relativ schnell das Interesse.
2. Du führst zwar eine Beziehung, bemühst dich aber deutlich mehr darum als er.
3. Du gerätst immer wieder an Partner, die entweder „keine fixe Bindung" wollen, „mehr Zeit" brauchen, sich ihrer Gefühle „nicht sicher sind", die Ex nicht vergessen können, zwischen zwei Frauen stehen, ein zu reges Kumpelleben mit ihren Freunden führen, nur Sex wollen, keinen Sex wollen, unpartnerschaftlich immer nur nach eigenen Vorstellungen handeln oder sich „einfach so" zurückziehen.

Und du möchtest nur eines: **ihn.** Je nach Alter und Neigung mit Kindern, Häuschen, Hochzeit oder zumindest einem schönen Zusammenleben. Kommt dir das bekannt vor? Wenn du dir genau das wünschst und es noch nie oder nicht in erfüllender Form erlebt hast, dann solltest du dich mit ein paar grundlegenden Gedanken zum Thema „Mann und Frau" auseinandersetzen. Seit den Zeiten des Paradieses gilt eine Tatsache: **Der Mann muss hinter der Frau her sein, immer, ohne Ausnahme!** Bitte reg dich jetzt nicht auf! Mir ist bewusst, dass dieser Satz wie eine Ohrfeige ins Gesicht jeder Frau klatscht, die sich jemals innerlich und/oder äußerlich für die Gleichberechtigung der Geschlechter eingesetzt hat. So wie ich zum Beispiel. Aber beobachte die Love-Storys deiner Freundinnen, prüfe die eigenen Beziehungsgeschichten und dann gesteh dir ehrlich ein, dass ich Recht habe. Ein Mann interessiert sich mehr für dich, wenn zwischen ihm und dir ein paar Herausforderungen stehen, die er bewältigen muss. Das ist spannend, macht Spaß und befriedigt das Erbteil des Jägers in ihm. Das heißt für dich: Sei nicht immer erreichbar, spiel das Spiel „Ich bin da, aber du kriegst mich nicht. Zumindest nicht schnell. Also streng dich an!". Ich kann den empörten Aufschrei aus vielen Frauenkehlen geradezu hören. Ich weiß, ich weiß – du hasst Spielchen, willst einfach nur du selber sein, dafür geliebt werden und mit ihm Hand in Hand in den Sonnenuntergang spazieren. Aber mal ehrlich, warum bist du dann nicht schon längst dort? Ich offenbare dir jetzt sicher nichts Neues, wenn ich sage, dass Männer anders sind. Wäre es nicht schön, wenn Pezi eines Tages Gerry trifft und ab diesem Zeitpunkt in Liebesdingen irgendwie alles klar ist? Warum fangen die Probleme schon beim Zusammenkommen an? Ich habe diese Geschichte, dass Frauen von einem anderen Planeten kommen als die Männer, immer geglaubt. Solange du Wert darauf legst mit einem von ihnen zu leben, sollte dir bewusst sein, dass die Burschen einfach anders ticken.

Eine kleine Geschichte zum Thema Mann: Gerry steht um drei Uhr früh auf, obwohl er eigentlich Langschläfer ist. Aber heute hat er Großes vor: Er möchte jagen gehen. Gähnend bereitet er ein deftiges Frühstück zu, klaubt Staubkörnchen von seinem grünen Hut und putzt das Gewehr. Er wird zunehmend aufgeregter. Ein spannender Tag liegt vor ihm. Wird er überhaupt Tieren begegnen? Werden sie ihn vorzeitig wahrnehmen und davonlaufen? Nun ist er wirklich angenehm erregt.

Die Müdigkeit verfliegt und er spürt ein herrliches Kribbeln im ganzen Körper. Fröhlich steckt er das Speckbrot in den Mund, trinkt den duftenden Kaffee und malt sich die kommenden Stunden der Jagd aus. Pfeifend platziert er den Hut auf seinem Kopf, schwingt sich in den Anorak und öffnet die Türe. Und dann stolpert er fast. Denn die bereits erlegte Hirschkuh mit Namen Pezi liegt schon auf den Stufen.

So Mädels, nun kommen die Preisfragen: Wird Gerry sich darüber freuen? Jubiliert er, dass jemand ihm die „Arbeit" abgenommen hat? Oder ist er irgendwie – nun sagen wir – unbefriedigt? Eben, ihr Lieben, eben. Zurück zur Kernaussage: Männer wollen jagen. Du schreibst also keine SMS mit „Hab dich lieb", bevor er es getan hat, verfasst keine Liebesbriefe und rufst ihn auch nicht ständig an. Und ehrlich – hast du nicht auch schon erlebt, dass gerade Männer, an denen du nicht interessiert warst, sich sehr um dich bemüht haben? Die Kerle **wissen** also, wie Mann sich um Frau bemüht. Wenn sie es nicht tun, dann haben sie einfach keine Lust.

Und hier sind nun wichtige Tipps, wie es das nächste Mal gelingt:


## Sei eine stolze Rose, kein Veilchen, das im Verborgenen blüht


Du **bist** eine Königin. Unabhängig davon, ob du Akademikerin oder Blumenbinderin bist, ein paar Kilos zu viel herumträgst oder auch finanzielle Probleme hast: „Königinsein" ist eine Art, dich selbst zu betrachten, und verursacht eine bestimmte Ausstrahlung. Wenn du dich mehr als Dienstmädchen fühlst, dann handle einfach so, „als ob". Du verhältst dich so, als ob dein Haupt schon gekrönt wäre, und das heißt: Du bist nicht verzweifelt auf Männersuche, läufst keinem Vertreter des männlichen Geschlechts hinterher (niemals!) und bleibst trotz unerfreulicher Erfahrungen zuversichtlich. Du schimpfst nicht ständig über „die Männer". Und wenn eine Liebe endet, ist das zwar sehr traurig, aber die Welt geht nicht unter. Du kannst leiden, zusammenbrechen, die Geschichte mit Freundinnen immer wieder durchsprechen und im Bett liegen bleiben. Aber nicht zu lange! Das ist im Einzelfall nicht leicht.

Ich bin schon drei Wochen im Bett gelegen, als ich verlassen wurde, und die vielen Tränen haben meine Augen in rote Klumpen verwandelt. Such dir Hilfe, nimm eine Auszeit oder stürz dich in die Arbeit. Aber denke nicht, dass dein Leben zu Ende ist, weil „er" gegangen ist – auch wenn sich das so anfühlen kann. Ich weiß wirklich wovon ich rede. Ich wurde verlassen und war überzeugt davon, dass ich daran sterben werde. Durch diese Hölle bin ich im Laufe der Jahre noch zwei Mal gegangen.

Tatsache ist, dass ich dennoch hier sitze und diese Zeilen schreibe. Ich habe also überlebt. Heute bin den Herren dankbar, dass sich nun eine andere mit ihnen ärgern muss. Ehrlich! Wer weiß, vielleicht siehst du das einmal genauso.

## Er spricht dich an, nicht umgekehrt

Beim diesem Thema habe ich in meinen Selbstliebekursen oder Einzelstunden schon viel Groll eingeheimst: „Was? Das ist ja wohl der allergrößte Unfug, den ich je gehört habe!" Diese Ansage basiert auf einem einfachen Naturgesetz, das ihr verinnerlichen solltet: Männchen Adam jagt Weibchen Eva. Frauen haben viele Ideen parat, um sich nicht an diesen Tipp zu halten, wie „Er ist eben schüchtern" oder „Er wurde in seinem Leben schon so verletzt" oder „Warum soll heutzutage nicht ich ihn ansprechen?". Aber sind Männer wirklich schüchtern? Manche vielleicht. Aber ich behaupte trotzdem, dass sie einen guten Grund haben, dich nicht anzusprechen. Und zwar genau einen: Sie sind nicht interessiert. Ich habe nämlich schon Unmengen von Männern erlebt, die sich fast den Hals gebrochen haben, um mit der „Richtigen" in Kontakt zu kommen. Da war er plötzlich weder zu scheu, zu verletzt oder was sonst noch an Ausreden aus Frauenmund erschallt. Also reiß dich zusammen und lass ihn kommen. Wobei niemand dich hindert, verführerisch zu lächeln – nicht mal ich mit meinen Tipps.

## Schlag ein (nicht teures!) Lokal vor und lass dich einladen

Es ist eine Tatsache: Männer lieben die Herausforderung. Es ihnen also leicht zu machen, ist das Schlimmste, was du tun kannst. Schlage deshalb kein Restaurant vor, das auf halber Strecke zwischen dir und ihm liegt, und akzeptiere auch kein Lokal „gleich bei ihm gegenüber". Jetzt kommt wieder so ein Satz, für den ich oft fast massakriert werde: Er bezahlt die Rechnung! Glaube mir: Männer, die auf geteilter Rechnung bestehen, geizen auch mit Gefühlen. Das bedeutet natürlich nicht, dass du ihn ausnutzen sollst. Das erste Date findet sinnvollerweise ohnedies in einem Kaffeehaus statt. Ihr kennt euch noch nicht gut und schließlich kann es ja sein, dass er einfach unmöglich ist. Natürlich bist du berechtigt, in so einem Falle das Lokal auch während eines Fünf-Gänge-Menüs zu verlassen, aber einfacher ist das beim Caffè Latte. Wenn er nun die Frage des Kellners bezüglich der Rechnung mit „getrennt" beantwortet, kannst du ihn eigentlich schon vergessen. Ich weiß, dass du deinen Wein oder Apfelsaft auch selbst zahlen kannst, aber es geht um eine nette Geste. Setzt er die nicht, verspreche ich dir, dass du auch emotional neben ihm verhungern wirst.

## Lauf ihm nicht nach

Du führst ein erfülltes Leben, bist vergnügt, hast Hobbys, Freunde und Spaß – selbst wenn du abends nur fernsiehst oder vor Einsamkeit in dein Kissen schluchzst. Männer spüren instinktiv, ob deine Bedürftigkeit riesengroß ist und du nur auf die Erlösung vom Single-Dasein wartest. Auch wenn es schwerfällt: Mach ihn nicht sofort zum Mittelpunkt deines Lebens. Das bedeutet: Du klopfst dir auf die Finger, bevor du zum zehnten Mal seine Handynummer wählst, widerstehst der Versuchung, seinen E-Mail-Account mit Liebescartoons zuzumüllen und stehst auch nicht unaufgefordert vor seinem Büro. Oder noch schlimmer: vor seiner Wohnung. Mach nicht ständig Vorschläge für gemeinsame Aktivitäten und buche kein romantisches Wochenende im Kuschelhotel. Das alles soll vorerst **er** tun.

## Sei keine Notlösung

Das ist wieder eine Empfehlung, die meist heftige Widerworte auslöst. Aber: Ein Mann, der wirklich Interesse hat, wird sich rechtzeitig einen Termin bei dir sichern. Er ist begierig darauf, dass du Zeit hast, und wartet mit der Frage nach einem Treffen nicht bis zur letzten Sekunde. Du wiederum hast **natürlich** schon Pläne gemacht und bist nicht sofort verfügbar. Auch wenn du absolut gar nichts vorhast – lass dich nicht Freitagabend oder gar am Samstagvormittag als Notnagel benutzen. Denn das bist du dann mit Sicherheit.

## Dos and Don'ts beim ersten Rendezvous

Für die anfänglichen Dates gilt: Sei freundlich, aber fühle dich nicht gezwungen, ein stockendes Gespräch immer wieder in Schwung zu bringen oder nerviges Schweigen zu durchbrechen. Mach ihn nicht zu deinem Therapeuten, indem du ihm von allen Enttäuschungen, deinen Schulden oder Problemen mit deiner Mutter erzählst. **Entspann dich!** Es geht nicht nur darum, ob er von dir hingerissen ist, sondern in erster Linie darum, ob du dich in seiner Gegenwart wohlfühlst. Wenn du keine Affäre, sondern eine feste Beziehung anstrebst, sind folgende Dinge zunächst tabu: Sex beim ersten Date. Auch wenn du völlig verrückt nach ihm bist und nichts als seinen heißen Atem auf deinem Körper spüren willst – nach dem ersten Treffen gibt es nur einen Kuss. Das gilt natürlich nicht, wenn du auf einen One-Night-Stand aus bist. Aber sei auch da ehrlich mit dir selbst. Die meisten Frauen, die mir versicherten, dass sie mit einem Mann nur ins Bett wollten, waren dann doch enttäuscht, wenn er sich nicht mehr meldete. Wichtig: Lass dich auf keinen Fall unter Druck setzten. Einen Mann, der dich zum Sex drängt, solltest du gar nicht mehr treffen.

Außerdem tabu: Einladung in die Wohnung (auch aus Sicherheitsgründen!), Themen wie dein sehnsüchtiger Kinderwunsch, das bedrohliche Ticken der biologischen Uhr oder deine Vorstellung von einer romantischen Hochzeit. Mach am Ende des Rendezvous keinen Vorschlag für ein nächstes Treffen – das ist sein Job. Und lass ihn ruhig glauben, dass du eine sehr beschäftigte Frau bist, die nicht immer Zeit hat. Entgegen deinen Befürchtungen schreckt ihn das nicht ab, sondern erhöht sein Interesse.

Absolute „No-Gos" und Gründe, den Kontakt sofort abzubrechen: Er ist gewalttätig, ständig unzuverlässig, notorisch untreu, hört nie zu, macht dich klein, behandelt dich respektlos.

## Er sagt als Erster das L-Wort

„Ich liebe dich", „Ich vermisse dich" und „Willst du meine Freunde kennenlernen?" sind Sätze, die **du** nicht zuerst aussprichst. Das bedeutet nochmals: Du tippst keine SMS, wie wundervoll dieser Abend war und wie sehr du dich freust ihn wiederzusehen. Du verfasst auch kein nächtliches E-Mail, wie einsam du warst, bevor du ihn getroffen hast. Und dass du nie gedacht hast, dich sooo zu verlieben. Natürlich sind das schöne Botschaften und sie haben durchaus ihre Berechtigung. Aber nicht, bevor **er** sich dahingehend geäußert hat.

Ich zucke nach all den Jahren als Psychologin immer noch zusammen, wenn mir eine Klientin stolz die von ihr nach der ersten Nacht gesendeten SMS zeigt. Er hat noch nicht mal am nächsten Tag angerufen (was er unbedingt tun sollte!) und sie überhäuft ihn schon mit Liebesgeflüster. Mädels, bitte nicht!

## Du interessierst dich nur für Männer, die zeigen, dass sie Interesse an dir haben

Du liest dieses Buch, was bedeutet, dass du beabsichtigst, mit der Selbstliebe zu beginnen oder dich immer mehr zu lieben. Deshalb nimmst du einen Mann, der dich interessieren würde, zwar zur Kenntnis, aber du unterlässt jede Art von Engagement, um ihn von dir und deinen Qualitäten zu überzeugen. Solch ein Bemühen ist nicht nur total unsexy, sondern bringt nicht das Geringste. Es reicht, wenn du seinen Blick erwiderst und lächelst – leicht und kurz.

Wie geht es euch jetzt mit meinen Tipps? Ich habe aus purer Neugier den Gegencheck bei den Männern in meinem beruflichen und privaten Umfeld gemacht. 100 Prozent fühlten sich zwar von der Aufmerksamkeit einer Frau geschmeichelt, bevorzugen aber für eine ernsthafte Partnerschaft die „Jagd". Ausnahme: Es gibt Männer, die auf der Suche nach einer „Mutter" sind. Wenn du mit deinen Kindern – so vorhanden – nicht ausgelastet bist oder einfach gerne Mami für einen erwachsenen Mann spielst, mag es sein, dass die oben genannten Punkte nicht gelten. Aber willst du das wirklich?

Ich denke, dass diese Tipps ihre absolute Berechtigung haben. Aber vergiss bitte nicht, worum es wirklich geht: Dein erstes Ziel sollte nicht sein, durch das Befolgen von Verhaltensmaßnahmen einen Mann zu finden, sondern dich selbst zu lieben. Dann wirst du nach dem Spiegelgesetz einen Partner anziehen, der sich freut, dass du in seinem Leben aufgetaucht bist. Und der sich garantiert rechtzeitig erkundigt, ob du am Wochenende Zeit hast. Somit scheint die Aufforderung „Haltet die Herrn hungrig" nicht so absurd zu sein, wie sie klingt – siehe Männerfeedback. Frage aber auf jeden Fall Herz und Verstand, wann ein Regelbruch doch angebracht ist. Das Leben lässt sich nämlich nicht ein Schema pressen. Und das ist auch gut so.

# SELBSTLIEBE UND
# „ICH HATTE NOCH NIE SEX"

Ich gebe zu, dass ich erst als Psychologin mit diesem Thema konfrontiert wurde. Ich hatte vorher keine Ahnung, wie viele Menschen im Erwachsenenalter davon betroffen sind. Und wie viel Scham damit verbunden ist.

Caroline ist vierzig und Architektin. Sie ist beruflich extrem erfolgreich, aber noch Jungfrau. Gerhard arbeitet als Arzt in einem Krankenhaus. Er wünscht sich Familie und Kinder, aber es gab noch nie eine Frau in seinem Leben. Hanna ist eine hübsche Frau von achtunddreißig. Sie kommt bei Männern sehr gut an, aber irgendwie kam es noch nie zu einer sexuellen Begegnung. Diese Menschen sitzen in meiner Praxis und sind todunglücklich. Sie wollen den als erniedrigend empfundenen Zustand der Jungfräulichkeit unbedingt beenden und es klappt einfach nicht. Ein Klient ging sogar in einen Swinger-Club, um endlich ein sexuelles Erlebnis zu haben. Zunächst lief alles recht gut und dann wurde der betreffenden Dame aufgrund von Alkoholgenuss übel. So musste die Aktion abgebrochen werden. Harald suchte im Internet nach einer professionellen Dame. Als sie zum Treffpunkt im Hotel erschien, stellte sich heraus, dass sie nicht einmal in Ansätzen dem Foto entsprach, sondern extrem übergewichtig war. Er hatte nicht den Mut, sie darauf anzusprechen, und versuchte es dennoch. Aber dann sagte sein bestes Stück „Nein" und er verließ um einen Betrag X ärmer das Hotel. Frauen neigen eher dazu, zu verzweifeln, als anonymen Sex in einem Club oder bei einem Escort-Service in Anspruch zu nehmen.

Ich kann die Not von Betroffenen verstehen, denn mit zunehmendem Alter wird es immer schwerer, zuzugeben, dass da „noch nie etwas war". Vierzigjährige Jungfrauen beiderlei Geschlechts lösen im besten Fall beim anderen eine gewisse Angst aus. Im schlechtesten Fall steht der Bettgenosse auf und geht. Das ist Hanna mehr als einmal passiert und hat sie schwer gekränkt.

Was steckt hinter dieser „Ich hatte noch nie Sex"-Situation? Da gibt es keine für alle zutreffende Antwort. Aber sicherlich sind unbewusste Ängste die Ursache. Diese können sein:

- Traumatische Erfahrungen in der Kindheit wie Missbrauch, Trennungssituationen, Gewalterfahrungen, ein Zusehen bei sexuellen Aktivitäten
- Seelische Grausamkeiten wie ständige Abwertung, Ignorieren, Einschüchterungen („Wenn du das machst, kommst du in ein Heim, hat dich keiner mehr lieb, musst du im Keller schlafen")
- Überfürsorge, Missbrauch des Kindes als Partnerersatz oder es musste zu früh Verantwortung übernehmen
- Uneingestandene Homosexualität
- Eingestandene Homosexualität, die aus Angst vor der Reaktion der Umwelt nicht gelebt wird
- „Treue" gegenüber einem oder beiden Elternteile. In diesem Fall wurde dem Kind vermittelt, dass es der einzige Lebensinhalt ist, die Bezugsperson schwer erkranken würde, falls das Kind eigene Wege gehe, oder es wurde ein Bild vom anderen Geschlecht gezeichnet, das abschreckt ( „Männer sind alle Schweine", „Frauen sind Huren" …).
- Das Selbstvertrauen wurde von Anfang an zerstört und dadurch haben Betroffene so große Angst vor Nähe, dass sie andere bis zur letzten Konsequenz nicht an sich heranlassen oder vertreiben. Dafür verfügen sie über unbewusste Strategien wie ein unvorteilhaftes Outfit, ungepflegtes Äußeres, starkes Übergewicht oder Untergewicht, abweisendes Verhalten, extrem zur Schau gestellte Bedürftigkeit.

- Überromantische Vorstellungen, die verwirklicht sein müssen, bevor sich der oder die Betroffene auf eine Beziehung einlässt
- Extrem fixe Vorstellungen über Partnerschaft – das „muss" so sein, jenes „darf auf keinen Fall" sein.

Alte Muster sind hartnäckig. Bitte suche dir Unterstützung, wenn du in einem bestimmten Alter noch nie mit jemandem geschlafen hast und darunter leidest. Der Therapeut oder die Therapeutin kann dir helfen, den Schmerz zu heilen, der dieser Situation zugrunde liegt. Eine sexuelle Erfahrung wird nicht dein ganzes Leben verändern und alle Probleme lösen. Aber du entdeckst einen bisher verschlossenen Bereich, der dir sehr wahrscheinlich zu mehr Freude verhelfen wird.

# SELBSTLIEBE UND „ER STEHT EINFACH NICHT AUF DICH"

D as ist wieder ein Kapitel für die Damen, aber selbstverständlich sind auch alle Herren eingeladen, es zu lesen.

Liebe Schwester, ich weiß du bist unglaublich verliebt in diesen Typen. Er ist toll, er sieht gut aus, er ist cool. Möglicherweise ist er ein Bad Boy oder auch ein Anzugtyp mit Geld. Vielleicht ist er total unkonventionell oder er hält die Traditionen seiner Familie hoch. Unter Umständen sieht er aber gar nicht so gut aus, hat keinen Job und vier Kinder, für die er Unterhalt zahlen sollte. Doch du weißt einfach, dass er der Richtige für dich ist – für jetzt, morgen, immer und ewig. Doch irgendwie läuft das Ganze nicht rund. Er versetzt dich, lügt dich an, ist sehr beschäftigt mit seinem Job, den Kids aus Vorbeziehungen, einem Hobby oder was auch immer. Es kann auch sein, dass er seine Ex noch nicht überwunden hat, sich selbst finden muss oder für eine fixe Beziehung nicht bereit ist. Vielleicht trinkt er übermäßig, nimmt Drogen oder muss sich um seine Mutter kümmern. Oder er kann sich zwischen dir und einer anderen Dame nicht entscheiden und so wechselt er zwischen deinem und ihrem Bett. Manchmal läuft der Sex irgendwie kompliziert ab oder gar nicht. Er macht Pläne für Unternehmungen, die niemals Wirklichkeit werden, liebt dich, kann aber jemand anderem „nicht weh tun", trainiert für den Marathon, die Olympiade oder einen Sprung aus dem Weltraum, hat der Mutter seiner Ex versprochen, immer für diese da zu sein, lässt dich in jeder schwierigen Situation sitzen, besucht dich nicht im Spital und ist immer dann unauffindbar, wenn du ihn wirklich brauchst. Er ruft nicht an, nicht zurück und antwortet auf liebe SMS sehr spät oder gar nicht. Das Handy ist oft ausgeschaltet und du weißt nicht, warum. Zu Ostern bekommst du kein Ei und auch sonst ist er ein wenig geizig. Du möchtest Freunde und Familie kennenlernen, aber er zeigt sich wenig begeistert. Seine Kumpels bedeuten ihm viel und häufig mehr als deine Gesellschaft. Aber du willst ihn mit der ganzen Kraft deines Herzens. Denn nur mit ihm kannst du das finden, was du brauchst. Denkst du. Und die leise Stimme in dir, die dich aufmerksam macht, dass da etwas ganz massiv nicht stimmt, hörst du zwar, aber du verdrängst sie. Wenn du ganz ehrlich bist, würdest du lieber an seiner Seite untergehen, als ohne ihn zu leben. Deine Gedanken kreisen um nichts anderes und deine Gefühle wechseln von himmelhoch jauchzend auf zu Tode betrübt. Je nachdem welchen Knopf er gerade drückt. Du bist nicht von ihm abhängig, sondern geradezu besessen. Tränen sind häufige Begleiter und hie und da hast du einen regelrechten Zusammenbruch. Im Extremfall bist du nicht arbeitsfähig und leidest an heftigen körperlichen und/oder psychischen Beschwerden. Aber nichts kann dich dazu veranlassen, deine Nägel aus seinem Fleisch zu nehmen. Du krallst dich fest und weißt, dass du das nur lange genug machen musst. Dann wird er endlich verstehen, dass du die einzig Richtige für ihn bist. Auf dem Weg dorthin treibst du möglicherweise auch Freunde in den Nervenzusammenbruch oder in die Flucht. Je nach Veranlagung. Denn dein Thema ist immer nur er.

Für jede seiner Verhaltensweisen hast du eine Erklärung. Und wenn seine Handlungen so absurd sind, dass dir nicht gleich eine einfällt, dann denkst du so lange nach, bis das der Fall ist. So hatte er eine schlimme Kindheit, steht eben stark unter Druck, braucht Drogen zum Abschalten, wird von seiner Mutter oder jemand anderem manipuliert, hat einen aufwendigen Job, generell wenig Zeit, ist zu sensibel für diese Welt, endlich dabei, sich selbst zu finden, und da musst du ihn unterstützen, auch wenn dieser Prozess dich ausschließt, er hat in seiner Familie unter vielem gelitten und kann dir deshalb seine Gefühle nicht zeigen. Er ist nicht unverlässlich, sondern hat eben wichtige Dinge im Kopf.

Was sollst du machen? Du liebst diesen Mann, du willst diesen Mann und hast dir folgende Strategie zurechtgelegt: Du wartest, dass er sich ändert, denn er liebt dich, auch wenn er es einfach nicht zugeben kann. Oder nicht erkennt. Oder noch zu sehr – von was auch immer – belastet ist. Aber das wird schon, wenn du nur geduldig bist, nicht zu viel Kritik übst oder ständig nörgelst oder weinst. Außerdem hast du ja deine Freundinnen, mit denen du endlose Analysen seines Verhaltens durchführen kannst. Ihr sitzt in einem Lokal und besprecht seine Psyche. Oder zu Hause, weil deine Augen für die Öffentlichkeit wieder einmal viel zu geschwollen sind. Die Fragen, die ihr immer wieder diskutiert, lauten: „Warum tut er das? Warum tut er das nicht? Was geht bloß in ihm vor? Er hat doch gesagt, dass er …, dass er nicht mehr …, dass er endlich …" Ach Süße.

Auf die Gefahr hin, dass du nun wirklich böse auf mich bist, muss ich dir einige Dinge über Männer zur Kenntnis bringen, die wahr sind und immer wahr bleiben werden:

- Männer sind einfach gestrickt. Mit anderen Worten – sie sind **nicht** kompliziert. Sind sie es doch, hat das einen Grund, der dir mit Sicherheit nicht gefällt. Also lass es!
- Wenn er dich wirklich will, richtet er im Urwald eine Brieftaube ab, falls sein Handy dort nicht funktioniert. Das tut er, weil er es einfach nicht aushält, keinen Kontakt mit dir zu haben.
- Wenn ein Mann dich liebt, sendet er keine undurchsichtigen Signale. Wenn er sagt, er tut etwas oder er tut es nicht, dann hält er sich daran.
- Für alle anderen oben aufgelisteten Fälle gilt: **Er steht einfach nicht auf dich!**

So, jetzt ist es heraus. Das willst du nicht hören – und schließlich, was weiß ich denn schon von diesem Mann. Ich kenne ihn doch gar nicht. Das stimmt natürlich. Aber viele Jahre als Frau und Psychologin auf diesem Planeten haben mich gelehrt, wie Männer ticken. Und glaub mir: Ein Mann, der dich will, findet einen Weg. Findet er diesen Weg nicht, dann will er nicht (oder nicht ernsthaft). Das ist schwer zu akzeptieren, aber wenn ich es geschafft habe, dann kannst du das auch. Ich musste mir einige Male eingestehen, dass ein Mann mich einfach nicht wollte. Zumindest nicht so, dass daraus irgendwann einmal Glück entstanden wäre. Das tut natürlich weh, vor allem, wenn man sich zuvor unendlich bemüht hat und sämtliche Erwartungen auf einen guten Ausgang gerichtet hat.

Wenn du mit aller Kraft auf eine Beziehung mit einem Mann hoffst, der dich auf irgendeine Art schlecht behandelt, oder wenn du eine Partnerschaft aufrecht hältst, in der das der Fall ist, zeigt das deutlich, dass du dich zu wenig liebst. Bitte fühle dich nicht als Versagerin, weil du erkennst, dass du schon lange mit einem Menschen auf ungesunde Weise verstrickt bist. Viele Klientinnen kommen einzig aus diesem Grund in meine Praxis. Wunderbare Frauen, die einen ebensolchen Mann verdienen, stecken in wahren Horrorszenarien fest. Sie werden gedemütigt, ignoriert, betrogen, abgewertet, vernachlässigt, geschlagen, finanziell ausgenutzt oder immer wieder verlassen. Sie nehmen das alles in Kauf – aus „Liebe". Mädels, Liebe macht die Wangen rot und nicht die Augen. Jemand, der euch so behandelt, kann nicht lieben, und wer sich so behandeln lässt, auch nicht. Denn bevor du einen anderen wirklich lieben kannst, musst du dich selbst lieben. Es nutzt nichts – so ist es nun einmal.

Nimm also deine Fingernägel aus dem Körper eines Mannes, dem du nicht wirklich etwas bedeutest, und steck deine Energie in das „Unternehmen Selbstliebe". Sag dir immer wieder: „Ich verdiene einen Partner, der sich glücklich schätzt, mich in seinem Leben zu haben. Dieser Mann tut sein Bestes, um die Beziehung schön und erfüllend zu gestalten. Er ruft an, wenn er sagt, dass er es tut, oder einfach so. Er lässt mich nicht um gemeinsame Zeit betteln, sondern will sie von sich aus. Er behandelt mich mit Respekt und gibt mir das Gefühl, dass ich das Wichtigste in seinem Leben bin. Er zeigt mir, dass er mich sexuell attraktiv findet und handelt auch entsprechend. Das bedeutet: Er ist in jeder Hinsicht gut zu mir." Natürlich kann es auch mit solch einem

Mann Turbulenzen geben. Aber er wird sich immer bemühen, wieder mit dir ins Reine zu kommen.

Wenn dir dieses Kapitel quasi aus der Seele spricht – bitte lies das großartige Buch von Greg Behrendt und Liz Tuccillo „Er steht einfach nicht auf dich" (Blanvalet Taschenbuch-Verlag, 2011). Ich kenne keinen Text zum Thema, der „die Sache" besser auf den Punkt bringt. Greg war selbst oft in der Lage, dass er mit Frauen zusammen war, auf die er nicht „stand", und ist jetzt mit seiner Traumfrau verheiratet. Er beschreibt aus erster Hand den Unterschied im Verhalten eines Mannes, der wirklich engagiert ist, und einem, der das nicht ist. Er antwortet in dem Buch unter anderem auf fiktive Briefe von betroffenen Frauen und das tut er in unnachahmlicher Art. Ein Beispiel:

Beth: „Lieber Greg, ich bin seit etwa zwei Jahren mit einem Mann zusammen und dachte, dass es eigentlich ganz gut läuft. Nun hat er mir gestanden, dass er mit einer Frau im Bett war, die er in einer Bar kennengelernt hat. Ich war völlig am Boden zerstört und habe ihn gefragt, warum er das getan hat. Er meinte, ich hätte zugenommen, deshalb fände er mich nicht mehr attraktiv. Natürlich stimmt es, was er sagt. Ich habe knapp zehn Kilo zugelegt. Soll ich mit ihm Schluss machen oder mich im Fitnessstudio anmelden?"

Greg: „Liebe Miss Gewichtsverlust, ich finde, du solltest gleich 80 Kilo Ballast abwerfen – und zwar in Form deines Verlierers von einem Freund. Er hat dich betrogen und als zu fett bezeichnet. Dein Gewicht als Ausrede zu benutzen, um dich zu betrügen, ist ziemlich gemein. Wenn er ein Problem mit etwas in eurer Beziehung hat, sollte er gefälligst mit dir darüber reden, statt sein Ding in die Vagina einer anderen Frau zu stecken. Und wenn wir gerade dabei sind – was wird er wohl erst tun, wenn du schwanger bist, älter wirst oder Falten bekommst? Schieß den Typen ab, sonst komme ich zu dir und erledige das für dich."

Ja, das ist Greg. Hart, direkt und völlig undiplomatisch. Aber er hat verdammt nochmal Recht!

Bitte kümmere dich um dich selbst, wenn du schon lange unglücklich bist. Vergeude nicht wertvolle Lebenszeit mit Männern, die dich nicht zu schätzen wissen. Ich zitiere jetzt Greg Behrendt, der es wieder so zusammenfasst, wie ich mich das natürlich niemals trauen würde: „Du hast schon ein Arschloch. Du brauchst kein zweites." Das ist ein Zitat, ich schwöre.

## SELBSTLIEBE UND „ICH HATTE SCHON EWIG KEINEN SEX"

Seien wir ehrlich: Jemand, der lange mit niemandem schläft, gilt als Freak, komisch oder schwer gestört. Wer will das schon sein? Sex hat man einfach – im Rahmen einer Beziehung oder als Single frei und ungebunden. Aber ein sexfreies Bett outet einen irgendwie als Loser. Und daher gehört dieses Thema zu den großen Tabus.

In meinem Leben gab es eine Phase, da hatte ich über sieben Jahre keinen Sex. Ich weiß noch, dass mir das unglaublich peinlich war. Die Einzige, die davon wusste, war meine enge Freundin. Aber sonst hätte ich mir lieber die Zunge abgebissen, als diese Tatsache zuzugeben. Alle waren in Beziehungen oder hatten Liebhaber, nur ich nicht. Jeder und jede im Freundeskreis konnte zum Thema etwas beisteuern, während ich das Gefühl hatte, langsam zu vergessen, worüber die Leute überhaupt sprachen. Es war nicht so, dass ich nicht gewollt hätte. Ich hätte mich in dieser Zeit durchaus auch auf unverbindlichen Sex und auf eine Affäre eingelassen. Aber ich kam nicht einmal dazu, „Nein" zu sagen, weil mich einfach niemand fragte. Mein Selbstbewusstsein als Frau sank stetig. Was war bloß los mit mir? War ich plötzlich so unattraktiv, dass nicht einmal jemand mit mir ins Bett wollte? Ich hatte zugenommen und schob es auf mein Übergewicht. Aber dann sah ich Frauen, die stärker waren als ich, in inniger Zweisamkeit. Das alleine konnte es also nicht sein. Einmal kam eine Dame in meine Praxis, die laut Eigenaussage 100 Kilo wog. Sie erzählte, dass sie so unglücklich sei, da die Männer von ihr immer nur „das Eine" wollten. Ich weiß noch, dass ich dachte: „Von mir wollen sie nicht einmal das."

So sehr ich damals auch verstört war: Heute sehe ich diese Phase in einem anderen Licht. Ich bin überzeugt, dass es in diesen Jahren einfach andere Prioritäten für mich gab. So war es damals meine Aufgabe, die immer noch eiternde Wunde des Gefühls einer tiefen Wertlosigkeit zu heilen. Genau diese Wunde war nämlich auch dafür verantwortlich, dass ich immer wieder Beziehungen eingegangen bin, die letztlich unglücklich waren. So paradox es klingt – eine Partnerschaft oder vielleicht auch unverbindliche Sexabenteuer hätten mich daran gehindert, mich dieser Wunde zu widmen. Außerdem musste ich mich offenbar ohne Ablenkung meiner großen Lebensangst stellen, die sich immer wieder in heftigen Panikattacken und schweren Depressionen äußerte.

Die Themen lauteten auch: Vertrauen, Hingabe an das Leben, Dankbarkeit, Demut (in dem Sinne, auch „Kleinigkeiten" genießen zu können), Glaube an die eigene Kraft, Geduld, Leichtigkeit und Freude.

Ich bin ziemlich sicher, dass sich bei dir ähnliche Herausforderungen finden. Abgesehen davon, dass diese Haltungen generell dazu beitragen, dass dein Leben besser gelingt, helfen sie auch beim Führen einer glücklichen (!) Partnerschaft. Denn Kontrolle, chronische Unzufriedenheit, Opferdenken, Schwere und negatives Denken sind definitiv nicht förderlich – weder für dich noch für einen Partner.

Eines meiner Muster war sicherlich auch, dass ich tief in meinem Inneren – teilweise uneingestanden – Angst vor Nähe hatte. Ich trug seit der Kindheit viele Verletzungen in mir, von denen ich dachte, dass ich sie bereits bewältigt hätte. Aber dann merkte ich, dass das noch nicht der Fall war.

Wenn du lange keinen Sex hattest, bist du – unbewusst – nicht bereit. Das strahlst du dann auch aus. Und wie von Zauberhand nähert sich niemand oder verschwindet relativ schnell wieder.

Frage dich also, welcher Bereich in deinem Leben vielleicht momentan wichtiger ist als Sexualität. Oder welchem verborgenen Schmerz du dich noch zuwenden musst, bevor du sie erfüllend leben kannst.

Bitte schäme dich nicht. Es gibt mehr von uns da draußen, als du denkst. Aber es wird nicht darüber gesprochen. Eine sexlose Zeit kann für dich zu einer wichtigen Lektion in Sache Selbstliebe werden. Denn wenn du dich nicht für wertvoll erachtest, werden auch deine Begegnungen mit anderen Menschen das widerspiegeln, und besonders natürlich deine Partnerbeziehungen. Also tapp nicht in die „Niemand will mich"- Falle, sondern ziehe die richtigen Schlüsse aus der Situation. Das kann natürlich bedeuten, dass du neben der Beschäftigung mit deiner Innenwelt auch etwas für dein Äußeres tust. Geh ins Fitnessstudio, lass dich stilberaten (gibt es auch für Männer!) oder lass dir ein andere Frisur verpassen. Auch das bestmögliche Aussehen gehört zur Selbstliebe!

# SEELENSACHEN –
# KÖRPERSACHEN

# SELBSTLIEBE UND SPIRITUALITÄT

Irgendwann wirst du dich auf deinem Selbstliebeweg damit auseinandersetzen, was Spiritualität für dich bedeutet. Denn wahrscheinlich hast du dir schon Fragen wie die folgenden gestellt:

„Weshalb fühle ich mich immer so verdammt alleine? Warum werde ich älter und habe noch immer nicht wirklich gelebt? Werde ich im Tod genauso einsam sein wie im Leben? Kann ich spirituell sein und trotzdem Sex haben, Alkohol trinken und auch einmal fluchen? Wieso lässt der angeblich doch so gute Gott mich leiden? Es heißt doch: ‚Klopfe an und dir wird aufgetan.' Aber ich habe schon wunde Finger, und Gott denkt nicht daran, mir zu öffnen. Warum geht es mir so schlecht und X so gut, obwohl ich doch ein viel besserer Mensch bin? Wieso bekomme ich nie eine Chance und die anderen so viele?"

Wenn du dich nicht besonders liebst und deinen spirituellen Weg noch nicht gefunden hast, sind diese Fragen tägliche Begleiter. Du fühlst dich benachteiligt und betrachtest das Leben als unfair. Gott gibt es entweder gar nicht oder du bist ihm komplett egal. Möglicherweise hast du mit Religion in deiner Kindheit schlechte Erfahrungen gemacht und möchtest mit dem Thema einfach nichts mehr zu tun haben. Dann ist es sehr wahrscheinlich, dass irgendein Leidenszustand dich dazu „zwingt", die ganze Angelegenheit nochmal zu überdenken. Ich bin fest davon überzeugt, dass jede Art von Schmerz auch dazu da ist, dich Gott näher zu bringen. Nicht dem strengen Vater, der dich wegen deiner Sünden zerschmettert, sondern dem liebevollen Schöpfer aller Dinge.

Ich weiß von mir, welchen Unterschied es macht, im Bewusstsein einer göttlichen Ordnung zu leben. Trotzdem bin ich als Sabine keinesfalls mit allem einverstanden. Es gibt vieles, was mir überhaupt nicht passt. Aber mir ist klar, dass ich im Moment nicht den gesamten Überblick habe. Und so vertraue ich meiner Seele, Gott und dem Universum, dass die das Unternehmen „Menschen und Erde" intelligent führen. Ich weiß, ich weiß, es sieht absolut nicht danach aus, aber immerhin verursachen einige von uns das ganze Chaos, nicht die Herrschaften da oben. Ich stelle mir oft vor, wie die im Himmel entweder die göttlichen Händchen zusammenschlagen oder sich vor Lachkrämpfen winden, wenn sie uns von oben zuschauen. Es gibt sicher auch Engel mit Helfersyndrom, die uns immer wieder Botschaften senden, wie wir es besser angehen könnten. Und die dann ihre hübschen Federpantoffel fressen, weil wir es ewig und hundert Jahre nicht kapieren.

Spiritualität bedeutet für mich, sich zu erinnern, wer wir wirklich sind: „Töchter und Söhne Gottes". Durch diese illustre Verwandtschaft verfügen wir über das natürliche Erbe der Schöpferkraft. Das ist nichts Spektakuläres, sondern eine ganz natürliche Tatsache. Es wundert sich ja auch keiner über das Erbe unserer irdischen Eltern. Alle Weisheitslehrer dieser Welt sagen das Gleiche: Du und ich sind Teil von Gott – unsterblich, unverletzlich, ausgestattet mit der Fähigkeit zu erschaffen. Mach dir das immer wieder klar. Mir gefällt der Satz: „Gottes Blut fließt in meinen Adern." Ich weiß, dass das ein vermenschlichtes Bild ist, aber ich werde bei dem Gedanken daran sofort ruhiger. Wir können erschaffen und tun das auch. Aber meist sind die Ergebnisse unbefriedigend, weil wir wichtige Fakten nicht beachten. Ich mache es so: Es gibt eine Liste von Wünschen, die ich erfüllt sehen möchte. So ersehne ich nichts mehr als vollkommene Gesundheit und Wohlbefinden verbunden mit innerem Frieden. Also bekräftige ich immer wieder, dass ich in der Lage bin, das zu manifestieren. Ich bin mächtig, ich kann das! Hallo, ich bin eine Tochter Gottes, also wende ich mein Erbteil auch an. So.

Wenn es nun nicht klappt, weiß ich, dass meine liebe Seele anderes mit mir vorhat. Nicht, dass mich das freut, aber so ist es nun einmal.

Das ist auch der Grund, warum positives Denken und das Wiederholen von Affirmationen manchmal funktionieren und manchmal nicht. Wir bekommen immer das, was wir benötigen, um uns noch besser zu erinnern, wer wir wirklich sind. Leider ist das nicht immer das, was wir auf der bewussten Ebene wollen. Wer möchte schon statt Geld eine Krankheit oder statt Erfolg finanzielle Probleme? Aber deine Seele befindet vielleicht, dass du über Unwohlsein und Geldnot schneller dein Erinnerungsvermögen wiederfindest. Und ganz nebenbei noch vieles über Loslassen, Vertrauen und Akzeptieren lernst. Aber was willst du machen? Madame Seele ist die Stärkere.

Eigentlich könnten wir alle total entspannt sein. Was sein soll, wird sein, und was nicht passieren soll, können wir ohnedies nicht erzwingen. Denk dir diese Tatsache einmal in Ruhe durch. Das bedeutet nicht, dass du nicht alles in die Wege leiten kannst, um deine Wünsche zu erfüllen. Aber ab einem gewissen Zeitpunkt hast du alles getan, was du tun konntest. Dann nicht loszulassen und zu vertrauen, schwächt dich nur.

Je mehr du dich selbst liebst, umso klarer ist dir das. Dann schickst du dein Begehren los, tust alles, was in deiner Macht steht, und wartest, was geschieht. In der Zwischenzeit bist du nicht angespannt und missgelaunt, sondern gehst fröhlich durch deinen Alltag. Nun ja – mehr oder weniger. Aber schreib dir bitte diese Vorgangsweise auf deine Prioritätenliste. Das Leben wird mit dieser Einstellung viel befriedigender und lustiger.

Manche Menschen verstehen unter Spiritualität das Befolgen von Regeln. Entweder die eines bestimmten Gurus, einer Gemeinschaft oder einer Religion. Wenn du dich damit wohlfühlst, dann tu es. Aber prüfe genau, ob dir diese Regeln wirklich Kraft geben oder dich schwächen und abhängig machen. Dein wahres Wesen ist göttlich. Trau dir also ruhig zu, nach deinen eigenen Vorstellungen zu leben. Niemand weiß so gut wie deine innere Führung, welcher Weg für dich der beste ist. Aber daran müssen wir uns eben erst erinnern. Wenn du dich selbst zu wenig liebst, hältst du dich vielleicht für nicht kompetent, die Verantwortung für dein Leben zu übernehmen. Deswegen hast du das

Bedürfnis, dir „Sicherheit" zu holen. So reist du unter Umständen rund um die Welt, um eine bestimmte spirituelle Führungspersönlichkeit zu befragen. Das ist nicht falsch und kann sehr bereichernd sein. Aber gib die Macht über dein Leben niemals ab – an keinen Guru, keine Inkarnation von irgendjemandem oder an eine Gruppe, die behauptet, du „seist noch nicht so weit" und müsstest zuerst beitreten. Natürlich können wir uns Rat holen oder Menschen nahe sein, die wir für weise halten. Aber frag immer deine innere Stimme, ob deren Auskünfte für dich stimmig sind. In der Tiefe bist du genauso weise wie sie.

Sei besonders vorsichtig, wenn von dir große finanzielle Zuwendungen verlangt werden oder du alles, was Spaß macht, aus deinem Leben verbannen sollst. Du darfst Mensch sein, deswegen bist du hier! Das heißt, du kannst ohne Schuldgefühle Sex haben, Dekolletee zeigen, kurze Röcke tragen, einen draufmachen, mal einen Kater haben (das sage ich als Nichttrinkerin!), eine Weintraube im Supermarkt kosten, nachts auf einem Kinderspielplatz schaukeln, „sündige" Gedanken haben oder was dir halt sonst noch einfällt und niemandem schadet.

Ich will dir nicht zu nahe treten, falls es dir dort gefällt, aber ich persönlich meide die Anhänger der „Licht und Liebe"-Esoterikszene. Ihre Devise lautet: Ein spiritueller Mensch ist **immer** ausgeglichen, **immer** in seiner Mitte, **nie** wütend. Außerdem ist er dieses nicht und jenes nicht und überhaupt. Vor lauter Regeln, die sie aufstellen, sind die Herrschaften schon ganz säuerlich und ihre unterdrückte Wut nimmt einem als Nebenstehendem den Atem. Vielleicht führt dich dein Weg zu einem Punkt, an dem du tatsächlich nicht mehr wütend wirst, weil die Nebel sich gelichtet haben. Du erinnerst dich daran, dass wir alle göttliches Liebeslicht sind und dich eigentlich niemand verletzen kann. Aber dann ist das ein natürlicher Prozess und keine Forderung, an der du nur scheitern kannst. Hier auf der Erde bist du ein Mensch und es kann deinem Körper sehr schaden, wenn du sogenannte „negative Gefühle" immer unterdrückst, um einem spirituellen Ideal zu entsprechen. Nimm dir also den Druck, nur edel und gut sein zu dürfen. Wobei ich gegen diese Eigenschaften nicht das Geringste einzuwenden habe. Aber wenn du daraus einen perfektionistischen Anspruch machst, wirst du dich schlecht fühlen, weil du ihm nicht entsprechen kannst. Und du wirst andere sehr hart verurteilen, weil sie es auch nicht können. Zeige also Selbstliebe und mach aus der ganzen Spiritualität nicht wieder einen Stress. Im Übrigen: Auch von Jesus ist bekannt, dass er einmal im Zorn das Innere eines Tempels zertrümmert hat.

Im Endeffekt geht es nicht darum, dass du es so machst wie ich oder der Guru XY oder der Herr Maier. Je mehr du dich liebst, desto sicherer wirst du dich auf **deinem** Weg fühlen.

Sei glücklich, unabhängig von den äußeren Turbulenzen. Die wird es immer geben. Frag dich nicht als Opfer, warum etwas geschieht. Sei dir klar, dass du es in bestimmter Weise miterschaffen hast, so absurd das auch klingen mag. Ich habe festgestellt, dass die beste Frage in schwierigen Situationen lautet: „Was werde ich wohl jetzt tun? Welche Seite von mir will ich nun zum Ausdruck bringen?" Und immer wieder: „Was würde ich jetzt tun, wenn ich mich selbst schon sehr liebte?" Am schönsten für dich und den Rest von uns ist es, wenn du dein Licht leuchten lässt. Und damit andere ermutigst, das auch zu tun.

# SELBSTLIEBE UND DAS „INNERE KIND"

Stell dir bitte folgende Situation vor: Du betrittst ein Zimmer. In einer Ecke kauert ein kleines Kind. Das Gesichtchen ist tränenverschmiert, die Augen sind weit aufgerissen vor Angst und Schmerz. Das Kind hebt abwehrend die Hände, als ob es in der nächsten Sekunde einen Schlag erwartet. Du weißt sofort, dass dieses kleine Wesen das schon erlebt hat und sich gerade zu Tode fürchtet. Verzweifelt versucht es, regelrecht in die Zimmerecke hineinzukriechen.

Frage: Was wirst du tun?

Variante 1: Du gehst zu dem Kind und beginnst es zu schlagen, zu treten und noch weiter in die Ecke zu drängen. Drohend baust du dich vor ihm auf und schlägst immer wieder zu.

Variante 2: Du näherst dich langsam und sprichst mit ruhiger Stimme sanfte Worte. Du nimmst das Kind in den Arm und wiegst es liebevoll hin und her. Innig streichelst du den bebenden Körper und merkst, wie der Atem sich entspannt. Ganz vorsichtig drückst du das kleine Köpfchen an deine Brust, freust dich darüber, dass das krampfhafte Schluchzen langsam aufhört und das Kind sich vertrauensvoll an dich schmiegt.

Variante 1 klingt ein wenig pervers und schrecklich. Aber dennoch ist es oft genau die Art, wie du dich selbst behandelst. Je schlechter es dir geht, desto liebloser gehst du mit dir um. Statt Zuwendung, Wärme, Güte und Liebe gibst du dir einen imaginären Peitschenhieb. Du zeigst kein Verständnis für das verstörte, verletzte Kind in dir, sondern stößt es regelrecht weg und tust ihm noch mehr weh. In jedem von uns steckt noch das kleine Mädchen oder der kleine Junge, die wir einmal waren. Die meisten von uns haben nicht die Zuwendung erfahren, die jedes Kind so dringend braucht, um eine gesunde Selbstliebe zu entwickeln. Ich nehme an, dass das bei dir ähnlich war. Viele Mütter und Väter wissen einfach zu wenig über die Bedürfnisse ihrer Kinder oder sie waren sich sicher, sie ohnedies zu erfüllen. Die meisten tragen auch ihren eigenen Schmerz in sich und sind oft gar nicht in der Lage, wirklich gute Eltern zu sein. Sie wurden selbst auf die eine oder andere Art seelisch, körperlich oder sexuell misshandelt und geben diese Erfahrungen nun weiter. Natürlich gibt es Eltern, die schlimme Dinge erlebt haben und nun besonders bemüht sind, ihre Kinder liebevoll zu behandeln. Aber leider höre ich auch in der Praxis immer wieder: „Ich habe keine Wärme erlebt und kann sie daher nicht geben." Das ist sehr, sehr schade. Wenn du auch so empfindest, denk noch einmal darüber nach. Es liegt in **deiner** Hand, mehr Liebe in die Familie zu bringen und das Thema vieler Generationen zu beenden. Nimm dir einfach vor, dass Gleichgültigkeit, Grausamkeit und Lieblosigkeit lange genug der rote Faden waren, der über Jahrzehnte oder Jahrhunderte weitergegeben wurde. **Du** heilst dein inneres Kind und gibst dann diese Liebe weiter.

Alte Schmerzen aus der Kindheit stecken heute noch in uns und bestimmen viele unserer Reaktionen. Instinktiv ist dir das sicher klar, selbst wenn du Managerin einer großen Firma bist oder als Chef einen Fernsehsender leitest. Wie dein Leben auch verläuft – der oder die „Kleine" ist immer noch da. Und es ist das verletzte Kind in dir, das Angst oder Panik hat, scheinbar überreagiert, zutiefst gekränkt ist, sich für dumm, wertlos oder nicht liebenswert hält. Es ist die Kleine, die ohnmächtig zusieht, wie sie schlecht behandelt wird, keine Grenze ziehen kann, schweigt, wenn man ihr Unrecht tut. Es ist der kleine Junge, der denkt, dass nur Rückzug Sicherheit bringt, der weiß, er darf nie, nie, nie weinen, und der Angst hat, sich auf Beziehung einzulassen, weil das ja ohnedies nur Schmerzen bringt.

Ein Kind **muss** die Gegebenheiten in seinem Elternhaus aushalten – völlig unabhängig davon, wie lieblos, roh oder gleichgültig sie auch sein mögen. Das Kind kann nicht einfach gehen. Es ist den Umständen ausgeliefert und zieht – unbewusst – seine Schlüsse daraus. Diese lauten meist: „Ich bin nicht liebenswert, sonst würden sie mich nicht so behandeln. Also verdiene ich es nicht, geliebt zu werden. Sie sind die Großen und werden schon wissen, was richtig ist. Offenbar ist für mich nichts Besseres vorgesehen."

Ein Mensch, der sich selbst liebt, kümmert sich um das Kind in seinem Inneren, das schon das ganze Leben lang auf seine Hilfe wartet. Damals war dieses Kind vollkommen alleine. Aber heute bist du da – die Große oder der Große. Du kannst dieses kleine Geschöpf in dir beschützen, trösten und vor allem **lieben**. Denn das ist es, was es wirklich braucht. Du bist auf deinem Heilungsweg genau so weit gekommen, wie gut du gelernt hast, für das schutzlose Wesen in dir zu sorgen. Dein Körper sieht aus wie der einer Frau oder eines Mannes. Aber im Inneren weint das kleine Kind, das du einmal warst. Es zittert vor Angst, ist wütend und traut sich nicht, das zu zeigen, oder es platzt mit seiner Wut übermäßig und an unpassender Stelle heraus. Vielleicht muss es sich auch laut oder ewig leidend ununterbrochen in den Mittelpunkt stellen. Dieses Kind hat niemals die Erfahrung gemacht, wie sehr echte Liebe und Unterstützung nähren. Und so sorgt es unter Umständen dafür, dass du dich nicht auf Nähe einlässt, weil es mit nahestehenden Personen nur Enttäuschungen und Leid erlebt hat. Du wünscht dir dann – bewusst – eine liebevolle Beziehung, aber das verletzte Kind in dir wird das boykottieren. Denn damals hat es unbewusst beschlossen: „Nie wieder wird jemand die Möglichkeit haben, mir so weh zu tun. Ich darf auf keinen Fall zulassen, dass irgendwer mir gefühlsmäßig wirklich nahe kommt." Dann bist du entweder jemand, der sich auf Beziehungen gar nicht oder nur kurz einlässt und bei jeder Gelegenheit flüchtet. Oder du suchst dir instinktiv Partner aus, die für echte Nähe sowieso nicht in Frage kommen. Dann leidest du entsetzlich und verstehst nicht, dass du eigentlich auf das „Kommando" deines inneren Kindes hörst. All das läuft unbewusst ab und ist deswegen oft so schwer zu durchschauen.

Es ist enorm wichtig, die Wunden des Kindes, das du warst, zu heilen. Und es ist genauso wichtig zu erkennen, ob dieses Kind dein Leben bestimmt. Denn das wird es, wenn du ihm nicht die Zuwendung gibst, nach der es sich sehnt. Es braucht Liebe und Aufmerksamkeit, aber du willst sicher nicht, dass ein vierjähriges Kind deine Entscheidungen fällt, dir den Partner aussucht oder einen Karriereweg geht. Das geht nämlich schief! Heute bist du die Chefin oder der Chef und wählst deinen Lebensweg aus der Sicht eines Erwachsenen und nicht aus der eines verletzten Kleinkindes. Doch genau das geschieht, wenn du dich nicht um die Schmerzen des kleinen Wesens in dir kümmerst.

Wie kannst du deinem „inneren Kind" helfen?

- Kauf dir eine Puppe, die so ähnlich aussieht wie du, als du drei oder vier Jahre alt warst. Ja, ja, du hast schon richtig gelesen. Seien wir ehrlich – der Begriff „inneres Kind" ist schon ein wenig abstrakt. Wer kann sich darunter wirklich etwas vorstellen? Aber wenn du eine Puppe vor dir hast, die dich mit großen Augen ansieht, fällt es dir plötzlich leichter. Nimm sie in den Arm, trag sie herum, kuschle mit ihr und sag ihr liebe, tröstende Worte. Vielleicht solltest du das nicht unbedingt auf einer belebten Einkaufsstraße machen. Es könnte auch ein wenig sonderbar wirken, wenn du deine Puppe auf einem richtigen Spielplatz herzt, wo „echte" Kinder spielen. Aber sonst tu dir keinen Zwang an. Ich habe in schlimmen Zeiten mit meiner Sabine-Puppe gekocht, bin mit ihr eingeschlafen und hab ihr über das – natürlich blonde – Haar gestrichen. Lass dir beim Kauf deiner Puppe Zeit. Du solltest dich schon auf den ersten Blick verlieben oder das Bedürfnis verspüren, sie anzufassen. Ich fand meine Kleine „zufällig" beim Rundgang durch einen Diskonter. Sie saß ganz alleine neben zwei Koffern, das Haar fiel ihr in Locken über die Schultern und sie wirkte unglaublich verloren. Ich wurde geradezu magisch von ihr angezogen. Zärtlich hob ich sie auf und trug sie zur Kassa. Seither begleitet sie mein Leben. In besseren Zeiten auf dem Sofa, in schlechteren in meinen Armen.

- Verschaff deinem Kind Spaß! Erwachsene müssen einen gewissen Ernst des Lebens akzeptieren. Kinder finden das äußerst langweilig. Mach also Dinge, die du vielleicht normalerweise nicht tun würdest. Geh in der Nacht auf einen Spielplatz, lass Luftballone steigen, kauf dir eine Box mit Seifenblasen. Fahr mit dem Ringelspiel, wenn es dein Magen verträgt (meiner nicht) oder bau einen Schneemann. Eine Freundin von mir hat ein riesiges Puppenhaus in ihrem Schlafzimmer, weil sie sich das immer schon gewünscht hat. Und ich habe meine Ordination in eine Art Dschungel verwandelt, in dem ein Tiger, ein Elefant und ein Bär friedlich unter Palmen koexistieren. Außerdem teile ich meine Badewanne mit der lebensgroßen Ente Pit. Sei so kreativ als möglich, etwas zu tun, was andere möglicherweise als kindisch bezeichnen. Aber du weißt, dass dein inneres Kind dann jubelt. Und so soll es sein.

- Mach dir immer wieder klar, dass du heute andere Werkzeuge zur Verfügung hast als in deiner Kindheit. Wenn dir jemand Schmerz bereitet, musst du das jetzt nicht einfach hinnehmen. Du kannst diese Person verlassen, mit Türen knallen, eine Aussprache suchen, zum Therapeuten gehen. Das war dir als Kind nicht möglich. Heute hat das tausendfach verletzte Wesen in dir einen mächtigen Beschützer, einen Anwalt oder, wenn du willst, Superman oder Superwoman an der Seite.

- Gesteh dir zu, dass du wütend werden darfst. Kaum ein anderes Gefühl wird so heftig verdrängt wie Aggression. Besonders Frauen haben oft die größten Probleme, Unmut oder Zorn zu äußern. Aber es gibt Situationen, in denen Wut für den Moment die einzig richtige Reaktion ist. Das war natürlich in der Kindheit genauso, aber ich nehme einmal an, dass in deiner Familie ein wütendes Kind nicht gerne gesehen war. Entweder wurdest du bestraft, oder durch das Familienklima verbot sich jede Äußerung von Zorn von selbst. Das hast du gelernt, verinnerlicht und machst es auch jetzt noch so. Deshalb ist es so wichtig zu spüren, wenn du wütend bist. Viele Menschen haben ihre aggressiven Impulse dermaßen verdrängt, dass sie ihre Verärgerung gar nicht mehr fühlen. Sorge also dafür, dass du in dem Punkt sensibler wirst. Wenn du das geschafft hast, geht es in der Folge darum, eine Form zu finden, diese Wut so zu vermitteln, dass du dir und anderen nicht schadest.

Folgende Möglichkeiten kannst du nutzen:

- Deine Stimme wird tiefer, schärfer, betonter.
- Du blickst dein Gegenüber an und sagst: „Das hat mich jetzt getroffen, verletzt, verärgert."
- Wenn dir im Moment keine Reaktion einfällt, verlass kurz den Raum, geh z.B. zur Toilette oder öffne das Fenster. Oder sag einfach: „Darüber muss ich jetzt nachdenken."
- Wenn dir die Tränen kommen – lass das ruhig zu. Falls das in einer bestimmten Situation absolut unpassend ist, dann weine später.
- Antworte sachlich auf einen Angriff. Manchmal ist das auch die beste Art, eine angespannte Situation zu entschärfen.
- Frag dich immer, was genau dich so wütend gemacht hat. Meist ist nämlich das innere Kind zornig und so lernst du es immer besser kennen.

Du kommst nicht darum herum, das kleine Wesen zu beachten. Es ist ein wichtiger Teil von dir, der sich immer wieder bemerkbar machen wird. Solange es ein liebloses, geknechtetes Dasein in deinem Inneren führt, wird es dir Schwierigkeiten machen. Gib ihm die Möglichkeit, sich völlig frei zu zeigen, und es wird dein Leben bereichern – mit Fröhlichkeit, Unbeschwertheit und Liebe.

# SELBSTLIEBE UND ANGST

Fast mein ganzes Leben wurde von Angst bestimmt. Seit ich im Alter von 17 Jahren diesen Motorradunfall hatte, war mein Alltag geprägt von Angstzuständen, schlimmsten Panikattacken und unendlich vielen körperlichen Beschwerden. Und Madame Angst war immer da und gönnte mir keine Pause. Jede berufliche oder private Aktivität war überschattet von meiner ungeliebten Begleiterin. Oft war ich nur mit Beruhigungstabletten in der Lage, das Haus zu verlassen. Immer wieder wurde mein Zustand so heftig, dass gar nichts mehr ging. Ich habe alles durchlitten, was eine starke Angstbelastung mit sich bringt – die Todesangst, das Gefühl, verrückt zu werden, keine Luft zu bekommen, das Herzrasen, eine Verdauung, die völlig aus dem Gleichgewicht war, das Gefühl, sich übergeben zu müssen, Beine, die einen nicht einmal mehr einen halben Meter tragen, die Angst, ohnmächtig zu werden. Das Allerschlimmste war die Angst davor, dass diese Attacke wieder auftritt (was sie auch tat!), und sich dann in einer Situation zu befinden, in der das höchst peinlich wäre. Wer je eine Panikattacke in ihrem Vollbild erlebt hat, weiß, wovon ich spreche – es ist ein Sterbeerlebnis. Ich **habe** überlebt und gebe seither alles weiter, was ich über Angst und Panik gelernt habe. Denn ich bezeichne mich guten Gewissens als Expertin in Bezug auf dieses Thema.

Natürlich findet sich nicht in allen Lebensläufen ein dermaßen dramatischer Verlauf. Aber ich weiß, dass die Dunkelziffer der Betroffenen groß ist. Wer möchte schon zugeben, dass er sich im Zustand der

Panik in ein wimmerndes Bündel verwandelt? Mein Wunsch ist, dass sich niemand mehr dafür schämen muss, an solchen Zuständen zu leiden. Das Leid ist doppelt und dreifach schlimm, weil keiner nachvollziehen kann, **wie** groß es ist. Ich weiß noch, dass meine an Krebs erkrankte Freundin Claudia fassungslos sagte: „Ich möchte nicht mit dir tauschen."

Auch wenn es bei dir hoffentlich nicht so heftig zugeht, kann ich als Fachfrau sagen, dass wohl keiner frei von Angst ist. Wenn du die Lady nicht ohnedies schon kennst, wird sie dir auf deinem Selbstliebeweg auf jeden Fall begegnen. Sie hat 1000 Gesichter und es gibt nichts, wovor man sich nicht fürchten kann. Wovor hast **du** Angst? Vor Menschen, Krankheiten, engen Räumen, weiten Plätzen, Höhe, davor, alleine zu sein, vor der Dunkelheit, bestimmten Tieren, davor, „Nein" zu sagen, vorm Fliegen, vor Männern, Frauen, Sex, Nähe, Prüfungen, davor, verlassen zu werden, als „dumm" zu gelten, abgelehnt zu werden, vorm Reisen, davor, erbrechen zu müssen, einen Vortrag zu halten, vor Ärzten, Krankenhäusern, davor, in der Öffentlichkeit ohnmächtig zu werden, zu deiner Wut zu stehen, vor Konflikten, davor, alt zu werden, deine Schönheit zu verlieren, vor Unfällen, Einbrüchen, dem Ausgeliefertsein, operativen Eingriffen, Narkose und, und, und. Vielleicht gehörst du auch zu denen, die sagen: „Ich habe eigentlich immer Angst."

Angst ist nicht immer gleich stark ausgeprägt. Sie reicht von einem leichten Unwohlsein bis hin zu Panik und Phobien. Im ersten Fall kannst du eine bestimmte Situation noch bewältigen, in den beiden anderen Fällen meist nicht. Mit dem Unwohlsein lässt es sich wahrscheinlich ohne größere Beeinträchtigungen leben, Phobien hingegen schränken den Radius sehr ein. Je stärker die Angst ist, desto sicherer kannst du sein, dass sie dir eine wichtige Botschaft bringt. Hinter jeder deiner Ängste verbirgt sich ein Lebensthema – **dein** Lebensthema. Du tust also gut daran, ihnen Aufmerksamkeit zu schenken. Jeder, der an starken Ängsten leidet, weiß, dass das gar nicht anders geht ist. Die Symptome sind so dramatisch, dass sie Hinwendung geradezu erzwingen. Ich bin überzeugt davon, dass das der Sinn ist. Die Seele greift zu solch drastischen Mitteln, damit wir hinschauen **müssen**. In der letzten schlimmen Angst- und Depressionsphase schrieb ich den folgenden Text in mein Tagebuch:

„Ich möchte so gerne noch einmal ein Kind sein. Meine Mutter und mein Vater sind immer da und passen auf mich auf. Wir sind an einem Strand am Mittelmeer, alles ist leicht und schön und klar. Ich nehme meine Luftmatratze und gehe ins Wasser. Ich weiß, dass meine Eltern darauf achten, dass mir nichts passiert. Es ist ein unglaublich schönes Gefühl der Geborgenheit. Dann liege ich auf der Matratze und lasse mich von den sanften Wellen tragen. Ich fühle die Sonne auf meiner Haut und genieße das leicht Heben und Senken. Daddy sitzt auf seinem Liegebett und beobachtet mich. Er lächelt, weil ich so glücklich bin. Es ist Friede, vollkommene Angstfreiheit und Seligkeit. Diese Szene hat sich in Wirklichkeit nie so abgespielt. Aber wenn ich jetzt im tiefsten Dunkel gekrümmt auf meinem Sofa liege, dann ist es genau das, wonach ich mich so sehr sehne; jemand, der immer da ist und dafür sorgt, dass mir kein Leid geschieht. Ich weiß, dass Gott den Part meines Vaters übernehmen könnte. Ach Gott – wo bist du bloß? Ich will – was auch passiert – ohne Angst leben, aus dem tiefen inneren Wissen heraus, dass mir **nie** etwas geschehen kann. Ich möchte **fühlen**, dass ich immer sicher und geborgen in Gottes Armen bin. Eigentlich könnte es so sein, wie in dem Bild mit meinen Eltern am Meer. Gott sitzt am Ufer und achtet liebevoll darauf, dass mir im Wasser auf meiner Luftmatratze nichts geschieht. Wobei er natürlich **weiß**, dass mir so und so nichts geschehen kann. Ein paar Engel liegen auch im Sand, ,verstorbene‘ Freunde und Tiere laufen am Strand auf und ab. Ich lasse mich treiben, spüre das Heben und Senken der Wellen und freue mich.“

Ist es nicht das, was die Weisen aller Zeiten lehren? **Wir sind nie alleine, niemals!** Der heftige Wunsch nach Mami und Papi sollte mir wohl bewusst machen, dass ein anderer Papi und vielleicht auch eine andere Mami immer am Ufer sitzen und „aufpassen“.

Nach allen meinen Erfahrungen mit Angst und Panik bin ich zu dem Schluss gekommen, dass sich jede Angst, wirklich jede, auf eine einzige zurückführen lässt. Das ist die Angst vor dem Tod, davor, nicht mehr zu sein, ausgelöscht zu werden. Nimm irgendeine deiner

Ängste und mach den Test. Wovor du dich auch fürchtest, immer steht am Ende die Angst vor der Vernichtung. Denn wenn du nicht geliebt wirst (eine der größten Ängste!), in der Enge eingeschlossen bist, dich lächerlich machst, einem Konflikt nicht gewachsen bist, von einem bestimmten Menschen verlassen wirst, fürchtest du zu sterben. Zumindest im eigenen Denken und Fühlen. Wenn du dich also nicht mehr davor fürchtest zu „sterben", hast du vor gar nichts mehr Angst.

Vielleicht ist diese Frage die letzte, die du in einem Kapitel über Angst erwartet hättest. Aber es die Fragen aller Fragen: Was bedeutet der Tod für dich? Bitte setz dich, so gut es geht, damit auseinander. Die Antwort beeinflusst nicht nur deine Ängste, sondern die gesamte Qualität deines Lebens. Die meisten Menschen fürchten den Tod und verdrängen ihn. Natürlich umgibt den Gevatter nach wie vor ein großes Geheimnis. Aber es scheint ziemlich klar, dass wir „das Sterben" nicht nur überleben, sondern danach auch eine tolle Erfahrung machen. So berichten Menschen, die eine Nahtoderfahrung hatten, dass der Aufenthalt „drüben" ein wundervolles Erlebnis ist. So großartig, dass sie nicht zurückkommen wollten. Neale D. Walsch, der amerikanische Bestsellerautor von „Gespräche mit Gott" (Arkana, 2009), sagte mir in einer persönlichen Unterhaltung, dass es für die Seele nichts Herrlicheres gibt, als den Körper zu verlassen. Deshalb sollen wir nicht zu traurig sein, wenn wir hören, dass jemand gestorben ist, denn „ihn erwarten unglaubliche Freuden".

Was kannst du tun, wenn du deine Angst mindern möchtest?

● Gesteh dir ein, dass deine Ängste eventuell so beschaffen sind, dass Medikamente nötig sind. Das kannst letztlich nur du entscheiden. Ich habe mich lange dagegen gewehrt, weil die Einnahme von Psychopharmaka für mich – vor allem als Psychologin – ein Eingeständnis von Schwäche war. Außerdem hatte ich vor diesen Pillen enorme Angst. Verändern sie meine Persönlichkeit? Sitze ich nur mehr wie ein Zombi auf dem Sofa? Welche Nebenwirkungen treten auf? Ich weiß von vielen Betroffenen, dass sie ähnliche Befürchtungen haben. Aber ich musste es dann riskieren, weil es einfach nicht mehr anders ging. Ich kann dir nur raten, dich nicht über die Maßen zu quälen. Eine ausgewachsene Angst- und Panikreaktion erfordert medikamentöse Hilfe. Ich kenne Menschen, die es auch ohne Tabletten geschafft haben, aber sie waren alle in der Lage, den Alltag noch irgendwie zu meistern. Wenn du also spürst, dass nichts mehr geht, du dich immer mehr zurückziehst, vieles vermeidest, arbeitsunfähig bist – dann nimm diese Pillen. Das bedeutet nicht, dass du sie dein Leben lang nehmen musst. Aber selbst wenn das der Fall sein sollte, ist es keine Katastrophe. Such dir einen Arzt, zu dem du wirklich Vertrauen hast. Er wird auf deine Angst Rücksicht nehmen und vorsichtig dosieren. Selbstverständlich erfordert nicht jede Angst Medikamente. Viele lösen sich oder werden besser, wenn du das Licht der Aufmerksamkeit darauf lenkst und dich liebevoll mit ihnen befasst.

● Medikamente sind Krücken, aber keine Lösung deiner Probleme. Mach dich also auch mit einer warmherzigen (!) Therapeutenpersönlichkeit auf die Reise in dein Inneres. Es gibt unendlich viele Therapiemethoden und das kann sehr verwirrend sein. Hör dich um, was wem geholfen hat, recherchiere ein wenig im Internet oder vereinbare Erstgespräche. Am besten achtest du darauf, ob bei dir und deinem Therapeuten die Chemie stimmt. Das ist meiner Erfahrung nach wichtiger als eine einzelne Fachrichtung.

● Natürlich kannst du dich auch alleine mit den Ängsten befassen. Lies Bücher, besuche Seminare, führe Tagebuch und sprich mit lebensklugen Menschen. Aber scheu dich trotzdem nicht, eine Therapie zu beginnen, wenn du nicht weiterkommst. Das Feedback, das du dort erhältst, kann dir unter Umständen bei der Bewältigung deiner Angst schneller helfen als ein Alleingang.

● Mach täglich Entspannungsübungen, bei denen du in die Stille gehst. Damit bringst du Körper und Geist zur Ruhe. Das ist speziell bei einem von Angst überreizten Nervensystem wichtig.

● Du kannst Angstbewältigung üben, indem du dich den auslösenden Situationen stellst. Überfordere dich aber nicht, sondern bestimme je nach Tagesverfassung, ob das passt.

- Beschäftige dich mit deinem Weltbild. Warum bist du hier? Was könnte deine Aufgabe sein? Siehst du dich als Einzelkämpfer oder eingebunden in eine höhere Ordnung?
- Finde Antworten auf die Fragen: Hast du das Gefühl, dass du aus irgendeinem Grund leiden **musst**? Darf es dir überhaupt gut gehen? Möchtest du „Kind" bleiben und hast Angst vor der Verantwortung eines Erwachsenenlebens? Fürchtest du dich vor deiner Stärke? Musst du „schwach" bleiben, damit eine andere Person sich nicht bedroht fühlt? Die Antworten auf diese Fragen sind extrem wichtig, weil sie Mechanismen aufdecken, die dafür sorgen, dass deine Ängste bestehen bleiben.
- Die wichtigste aller Fragen lautet: Wer bin ich wirklich?
- Kannst du glauben, dass du eine Seele bist, die gerade eine menschliche Erfahrung macht? Glaubst du, dass du als Teil von Gott ewig, unsterblich, **völlig heil** bist? Dass dir nichts geschehen kann, selbst wenn du „stirbst"? Dann endet alle Angst. Menschen, die im klinischen Sinne „tot" waren und wieder zurückgekehrt sind, berichten, dass sie ihren Körper „unten" liegen sahen, alles mitbekamen, was sich abspielte, nur an einen Ort dachten und schon dort waren und auf eine besondere Art mit anderen „Toten" kommunizieren konnten. Aber wie war es möglich zu sehen, zu hören und sich zu bewegen, wenn ihnen keine physischen Augen, Ohren oder ein Körper zur Verfügung standen? Sie wussten nach ihrer Rückkehr keine Antwort, aber ihre Berichte sind Hinweise, dass wir in einer Art „Körper" den Tod überleben. Wenn du das glauben kannst, was macht das mit deinen Ängsten?

Ich bin auf jeden Fall davon überzeugt, dass du alles viel leichter bewältigst, wenn du dein Todesthema klärst. **Du kannst nicht sterben!** Die Weisheitslehren aller Kulturen und zunehmend auch die Wissenschaft sagen uns in unterschiedlichen Worten, dass das, was wir wirklich sind, unsterblich ist. Und das berühmte Schweizer Medium Pascal Voggenhuber sieht „Verstorbene" und hat in seinem Buch „Botschaften der unsichtbaren Welt" (Ansata, 2011) darüber berichtet. In unzähligen Sitzungen hat er auf überzeugende Weise gezeigt, dass Kommunikation zwischen Diesseits und Jenseits möglich ist. Das heißt in anderen Worten: Unsere Lieben gibt es noch, sie wissen, wer wir sind. Und es wird auch uns geben, wenn wir hinübergehen. Welche Chance hat die Angst dann noch?

Im Hier und Jetzt ist der wichtigste Schritt zur Auseinandersetzung mit Angst immer die Selbstliebe. Sie bewirkt, dass du aus tiefstem Herzen willst, dass es dir gut geht. Du bist begierig darauf, Blockaden zu entfernen, die dich daran hindern. Du entwickelst Übung darin, dich liebevoll zu behandeln. Du erkennst, dass dein wahres Wesen – als Teil von Gott – Liebe ist. Wie könntest du dich also nicht lieben? Das ist einfach unmöglich. Also erinnere dich.

## SELBSTLIEBE UND „WIE MICH MEIN HUND LEHRTE, KÖNIGIN IM EIGENEN REICH ZU SEIN"

Ich hoffe so sehr für dich, dass du eine Beziehung zu Tieren hast. Eine Aussage, die Heinz Rühmann zugesprochen wird, lautet: „Man kann ohne Hund leben, aber es lohnt sich nicht." Du kannst den Hund natürlich durch Katze, Hamster, Meerschweinchen, Vögel, Spinnen, Ratten oder was immer deinem Herzen nahesteht, ersetzen. Ich liebe Tiere **extrem**. Nicht nur meine Hündin Gioia, sondern alles, was vier Beine hat, fliegt, schwimmt oder kriecht. Das geht so weit, dass ich ihre Freude, aber auch ihren Schmerz fühlen kann. So rette ich Fliegen, die gegen das Fenster donnern, helfe Wespen bei der Flucht vor Menschen, die sie töten wollen, und werde schmallippig, wenn jemand von den angeblichen Freuden der Jagd oder der Fischerei erzählt. Ich transportiere Schnecken über Waldwege, wenn ich befürchte, dass sie es alleine nicht schaffen, fange Spinnentiere in einem Glas, um sie dann in die Natur zu entlassen, und habe einem Mäuschen, das sich eine Zeitlang in meiner Wohnung aufhielt, das Weiterleben ermöglicht. Außerdem versuche ich zu klären, ob eine Kosmetikmarke Tierversuche durchführt. Und ich finde das nicht schrullig, sondern großartig.

Wir alle können von Tieren lernen. So ist die beste Lehrmeisterin, die ich je hatte, das kleine Monsterlein, das ich vor vier Jahren zu mir holte. Meine Bonni war mit 18 Jahren im Hundehimmel und ich wollte einem neuen Hund einen Platz geben. So trat Gioia in mein Leben. Sie stammte aus einer Tötungsstation in Sarajewo und bezauberte mich mit den riesigen, traurigen Augen. Ich kannte sie vorerst nur aus dem

Internet und hatte Sorge, dass sie vielleicht doch nicht „mein" Hund sein könnte. Das änderte sich, als ich sie am Flughafen in Empfang nahm. In einem Tragekorb saß ein kleines Wesen, das vor Angst ganz starr war und sich nicht bewegte. Ich liebte sie im selben Augenblick, als ich sie sah. Wir beide würden wie Pech und Schwefel zusammenhalten, alles gemeinsam unternehmen, kuscheln und uns unterstützen. Unsere Liebe würde sich auch darin zeigen, dass wir einander vertrauen könnten und die allerbesten Freunde wären. Ich nannte sie Gioia, weil das „Freude" heißt.

Dann begann unser gemeinsamer Alltag. Gioia war nicht stubenrein und ich begann ihr liebevoll zu zeigen, wo am besten gepinkelt und gekackt wird, nämlich draußen. Das Problem war nur, dass sie vor der Welt außerhalb der Wohnung fürchterliche Angst hatte. Sobald ich die Leine nahm, begann sie am ganzen Körper zu zittern und wollte nicht einen Schritt gehen. Also trug ich sie auf dem Arm und betrat die Straße. Sie wollte nicht auf den Arm, aber sie wollte auch nicht alleine gehen. Also stand ich da, redete auf sie ein und tat mein Bestes. Das stellte sich allerdings als nicht gut genug heraus. Gioia bewegte sich nicht einen Zentimeter. Als wir die Wohnung wieder betraten – ich schweißgebadet, sie erleichtert –, eilte sie sofort zum Teppich und erledigte ihre Geschäfte. Als sie schließlich eines Tages doch beschloss, der Welt eine Chance zu geben, bezog sich das nur auf eine kleine Runde ums Haus. Dabei war sie so gestresst, dass es ihr unmöglich war, Kot und Urin abzusetzen. Das tat sie dann wieder ganz entspannt am Teppich. Alles Zureden half nicht – die Umstände blieben, wie sie waren. Lange. Sehr lange. Dazu kam, dass sie das Essen verweigerte. Sie nahm weder simples Futter noch irgendwelche Leckerbissen zu sich. Der nächste Punkt war, dass sie nicht mit mir schmusen wollte. Wenn ich sie berührte, hielt sie kurz still, um dann mit sichtbarer Erleichterung ihren Platz weit weg von mir einzunehmen. Ich würde nicht sagen, dass sie direkt angewidert war, aber es kommt dem nahe. Wenn wir zum Wald fuhren, um dort spazieren zu gehen, war das manchmal ein Erfolg, ein anders Mal wieder nicht, denn dann weigerte sie sich auszusteigen. Als ich einmal sehr ungeduldig war, zerrte ich sie ein wenig aus dem Wagen. Sie sah mich an, als ob ich sie zum Tode verurteilt hätte, saß neben dem Auto und hasste mich. In der Zwischenzeit hatte sie einige Kilos angesammelt – wovon, weiß ich nicht – und ich konnte sie weder heben noch zerren. Hundekundige rieten mir zum Einsatz von Leckerlis, was ein bitteres Lachen bei mir auslöste. Andere schlugen Spielzeuge vor, was für sie ähnlich attraktiv war wie Essen. Kurz: Ich hatte kein Mittel in der Hand, um sie zu bestimmten Handlungen zu motivieren. Der Besuch einer Hundeschule endete, als sie sich immer wieder vor der Stunde übergab und solche Angstreaktionen zeigte, dass sogar die Chefin mir abriet, weiter zu kommen. Diverse Einzeltrainer – auch hoch psychologisch ausgebildete – scheiterten ebenso. Also ließen wir es.

Ich bin bekennende „Hund-im-Bett-Schläferin" und zu meinem großen Erstaunen kam sie mir hier ein wenig entgegen. Sie schlief zwar bei mir, aber am absolut anderen Ende der Liegestatt. Also Körperkontakt null. Wenn ich – wider besseres Wissen – versuchte ihn herzustellen, stand sie auf und ging. Meine Verzweiflung wuchs. Und wenn ich ehrlich bin, auch mein Zorn. **Das** war nicht das, was ich gewollt hatte, sondern täglicher Stress. Ich hatte den Eindruck, sie betrachtete mich als Mitbewohnerin, die sie tolerierte, aber auch nicht mehr. In dieser Art vergingen die ersten beiden Jahre unseres gemeinsamen Lebens. Bis auf die Tatsache, dass sie ihren Stoffwechsel nun draußen erledigte, blieb sie extrem ängstlich und schmusemäßig unzugänglich. Warum war ich bloß an diesen Hund geraten? Ja, warum?

Jetzt wird es spannend. Wenn ein Tier Probleme macht, kannst du ziemlich sicher sein, dass dieses Problem sich auch bei dir findet. Manchmal ist ein wenig Übersetzungshilfe nötig, aber es stimmt nahezu immer. So wie das berühmte Spiegelgesetz, das besagt: Solange du Wunden hast, die der Heilung bedürfen, wirst du immer wieder Menschen oder eben auch Tiere in dein Leben ziehen, die dich mit den unerledigten Angelegenheiten konfrontieren. Herr X, Frau Y, Hund Gioia und Katze Maxi weisen dich auf deine Schatten hin. Schatten sind Eigenschaften, die du hast, aber bei dir nicht wahrhaben möchtet, oder solche, die du gerne hättest, dir das aber nicht eingestehst. Es kann auch sein, dass du dich über ein Verhalten aufregst, weil du selbst mit dir so umgehst. Ein Beispiel dafür ist Respektlosigkeit. Wenn dir jemand ohne Respekt begegnet, du aber ein sehr respektvoller Mensch bist, dann behandelst du dich wahrscheinlich selbst rücksichtslos. Damit du das erkennst, kommen die „Spiegel" in dein Leben, die von außen zeigen, was sich in deinem Inneren abspielt. Wenn du also künftig beim Verhalten eines Menschen oder Tieres extrem genervt, verletzt oder wütend reagierst, frage dich immer, worum es wirklich geht. Ob es dir passt oder nicht – es ist **dein** Thema. Denn wenn es nichts mit dir zu tun hätte, würde es dich nicht aufregen.

Ich regte mich sehr über Gioia auf. Wo war unser unbedingter Zusammenhalt, das „Wir gegen den Rest der Welt"-Gefühl, das ich mir so gewünscht hatte? Ich war doch ihre Freundin, ermöglichte ihr alles, gab ihr alles. Ich tröstete sie, wenn sie Angst hatte, sorgte für genug Auslauf und wollte nur von ihr geliebt werden. Wieso wollte sie meine Liebe nicht, warum suchte sie nicht Zuflucht bei mir, wenn sie sich fürchtete? Warum war sie nicht glücklich? Nachdem ich schon lange darin geschult bin, einen „Spiegel" zu erkennen, war mir klar, dass es hier auch um mich ging. Und wie! Also was spiegelte mir das kleine Monster? Ich las das Buch „Tipps vom Hundeflüsterer" (Goldmann, 2009) von Cesar Millan, einem mexikanischen Hundetrainer, der in Amerika als **die** Kapazität gilt. Ich bin keineswegs mit allen seinen Methoden einverstanden, aber die Lektüre des Buches bescherte mir wunderbare Aha-Erlebnisse. Er schreibt, dass Hunde sich danach sehnen, dass Herrchen oder Frauchen eine ruhige, sichere Energie ausstrahlt. Passiert das nicht, übernimmt ein dominanter Hund die Führung und ein ängstlicher ist extrem überfordert, weil er denkt, er müsste nun führen. Ein Hund braucht auch keine Freundin, sondern eine liebevolle, konsequente Chefin, die klar vermittelt, was Sache ist. Dann erst entspannt er sich und baut eine gute Beziehung auf.

Mir fiel es wie Schuppen von den Augen. Gioia war extrem ängstlich und Angst war mein Lebensthema. Damit es ihr gut ging, musste ich also mehr in mir ruhen, um ihr Sicherheit zu geben. Ganz zufällig ist das genau mein Lernprogramm – Gelassenheit, in meiner Mitte bleiben, Zuversicht und Stärke ausstrahlen. Es ging wieder einmal darum, dass ich nicht meinem verängstigten inneren Kind die Führung überließ, sondern der großen Sabine oder der Seele. Das hilft meinem Hund, aber es hilft auch mir. Ich hatte instinktiv ein Tier ausgesucht, das mich zwang, mich noch intensiver mit meinen Herausforderungen zu befassen. Je länger ich nachdachte, desto mehr Parallelen konnte ich finden. Ich schlafe unabhängig von meinem Beziehungsstatus am liebsten alleine, hatte immer wieder Phasen, in denen ich wegen der Angstzustände das Haus nicht verlassen konnte und litt an einem unentspannten Verhältnis zum Essen. Sie zwang mich auch, Geduld zu entwickeln, indem sie einfach war, wie sie war. So war ein Spaziergang an der Leine für mein Stressempfinden manchmal sehr mühsam. Sie schnüffelt hier und schnüffelte da, blieb stehen, schaute zurück, fraß ein wenig Gras und schnüffelte wieder. Ich wurde jedes Mal ganz wahnsinnig, weil es kein Weiterkommen gab. Aber sie hatte Recht. Warum musste ich immer so hetzen, warum konnte ich nicht auch einfach ein wenig schauen? Ich wollte immer alles schnell erledigen, auch wenn ich es gar nicht so eilig hatte. So lebte ich auch mein Leben – innerlich und äußerlich ein wenig atemlos. Also stellte ich mich darauf ein, selbst ein paar Gänge zurückzuschalten, und auf einmal verflog mein Groll.

Ich wollte, dass sie sich wohlfühlte, und erkannte, dass das gleichzeitig eine Arbeit an meinem Wohlfühlprogramm war. Ich lernte durch sie, den Grundsatz „Lächle, atme und mach langsam" für mich umzusetzen. Immer öfter bewahrte ich Ruhe, verlangsamte meine Schritte und strahlte „eine ruhige Energie" aus. Die Ergebnisse waren verblüffend: Innerhalb kurzer Zeit wurde sie mutiger und zugänglicher. Sie ist immer noch kein ausgesprochener Schmusehund, aber sie kommt nun aktiv zu mir und möchte gestreichelt werden. Wir sind keine bloßen Mitbewohner mehr, sondern ein gutes Team. Ich bin stolz auf sie und stolz auf mich. Niemand hätte mir diese Lektionen besser erteilen können als sie. Nachdem ich nie auch nur eine Sekunde daran gedacht habe, sie wegzugeben, musste ich einen Weg finden. Und dieser Weg führte über mein Herz zu ihrem Herzen und machte uns beide selbstbewusster. Sie hat heute Freunde und Freundinnen – aber aus der Hundewelt. Auf ihre ganz spezielle Art hat sie meine Selbstliebe gestärkt und mich gelehrt, das zu sein, was ich nun immer öfter bin – die Königin im eigenen Reich.

Es kann natürlich sein, dass dein Tier nur zu dir gekommen ist, um dich sanft zu begleiten und dich vor keinerlei Herausforderung stellt. Dann achte darauf, ob du es vielleicht beneidest, weil es immer schlafen kann, so glücklich ist, voll Lebenslust über eine Wiese tobt, es in dir jemanden hat, der es beschützt und immer gut zu ihm ist. Auch das lenkt deine Aufmerksamkeit auf etwas, das dir eventuell fehlt und ermöglicht mehr Selbsterkenntnis.

PS: Wenn dir Tiere nichts bedeuten, forsche nach, warum das so ist. Sie sind wahre Herzensöffner und vielleicht verweigerst du eine Beziehung mit ihnen, weil du Angst vor **deinen** Gefühlen hast. Du siehst also, dass du von Tieren nur lernen kannst – selbst wenn sie nicht in deinem Leben sind.

# SELBSTLIEBE UND ESSEN

Bist du mit deiner Figur rundum zufrieden? Hast du ein gesundes Verhältnis zur Nahrungsaufnahme? Kannst du schlemmen, ohne zuzunehmen, und machst dir daher auch keine Gedanken, was du wann oder gar nicht essen darfst? Herzlichen Glückwunsch, du Sonderfall der Natur!

Das Essen und ich entdeckten unsere Probleme miteinander nach meinem vierzigsten Lebensjahr. Bis dahin war ich rank und schlank. Dann änderte sich dieser Zustand dramatisch. Bei gleichem Essverhalten nahm ich immer mehr zu. Plötzlich gehörte ich zur Gilde der Molligen und war todunglücklich. Keine Diät half, die Weight Watchers scheiterten an mir oder ich an ihnen und das Thema Essen wurde zum Stress. Ich kontrollierte messerscharf, was ich zu mir nahm, und war verzweifelt, wenn die eine oder andere Schokolade diese scharfen Kontrollmechanismen durchbrach. Nahrung wurde in „gut", „schlecht" und „geht gar nicht"eingeteilt. Am schlimmsten aber war die Scham. Ich schämte mich entsetzlich, weil ja jeder sehen konnte, dass ich mein Gewicht nicht im Griff hatte. Leute, die mich länger nicht gesehen hatten, sagten zuckersüß: „Na? Sie haben ja ordentlich zugelegt." Autsch! Ich wusste es ja ohnedies, aber es traf mich dennoch. Ich versuchte, mich trotz Übergewicht selbst zu lieben, was einfach nicht funktionierte. Sobald ich nackt vor dem Spiegel stand, hasste ich, was ich sah.

Natürlich zeigt sich ein gestörtes Verhältnis zum Essen auch in Magersucht und Bulimie. Auch hier hassen Betroffene, was sich ihnen im Spiegel präsentiert. Ob zu viele Kilos oder fast keine – der Hintergrund ist immer der gleiche: Du liebst dich nicht, sonst würdest du dir das nicht antun. In allen drei Fällen ist Essen eine Quelle von Anspannung, Selbsthass, Schuld und Scham. Wenn du dich mehr liebst, wird sich dein Verhältnis zum Essen entspannen. Vielleicht nicht schnell und mit vielen Rückfällen, aber es wird dir wichtig sein, **dein** Gewicht zu erreichen.

Wahrscheinlich hast du schon viele Anstrengungen unternommen, um ungeliebte Kilos zu verlieren. Und du hast festgestellt, dass du auf geheimnisvolle Weise entweder nicht abnimmst oder sofort wieder zunimmst. Das wahre Problem wird nämlich weder von Diäten noch von Sport gelöst. Und dieses wahre Problem heißt Angst. Natürlich haben auch normalgewichtige Menschen Ängste. Aber sie entwickeln andere Strategien, um die Angst nicht in ihrem ganzen Ausmaß fühlen zu müssen. Wer Übergewicht hat, **braucht** das Gewicht, um sich zu „erden" und zu schützen. Dann fühlt er sich vermeintlich sicher. Wer sich auf ein Skelett hinunterhungert, sieht auf bestimmte Weise darin seine „Sicherheit". Aber weder Speckröllchen noch das Zeigen der Knochen schützen vor dem Leben. Eine Essstörung sorgt nur dafür, dass du dich fast ständig schlecht fühlst. Übergewichtige schämen sich dafür, dass sie schon wieder essen, und Magersüchtige dafür, dass sie doch ein Salatblatt gegessen haben. In beiden Fällen ist das Thema Nahrungsaufnahme zu einem Folterinstrument geworden, mit dem du dich selbst quälst. Das gilt auch dann, wenn du glühender Anhänger einer gesunden Ernährung bist oder eine bestimmte Ernährungsform praktizierst. Wenn du dich nicht liebst, wirst du ein persönliches Drama daraus machen, falls du deine Regeln doch einmal brichst. Dann verzeihst du dir nicht, dass ein paar Zuckerkrümel über deine Lippen kamen, geißelst dich als Vegetarier für ein Stück Fleisch oder als Veganer für ein Ei. Als ich beschloss Vegetarierin zu werden, litt ich entsetzlich darunter, dass ich anfangs noch hie und da „schwach" wurde und Schinken oder ein Steak aß. Mit hatte Fleisch immer geschmeckt, aber ich wollte nicht mehr mit schuld sein am unendlichen Leid der sogenannten „Nutztiere". Als ich ein Stück Wurst zu mir nahm, konnte ich mir das tagelang nicht vergeben. Ich quälte mich mit inneren Bildern von den Geschehnissen in Schlachthöfen, der Todesangst in dem Blick einer Kuh und meinte, das furchtbare Schreien der Tiere zu hören. Grundsätzlich sollten sich alle Menschen bewusst machen, was rund um den Fleischkonsum passiert, aber ich wusste es ohnedies. Trotzdem ist es nicht leicht, jahrzehntelange Gewohnheiten aufzugeben. Aber immerhin war ich auf dem Weg, den mir mein Herz als richtig empfahl. Dafür hätte ich mich loben sollen, statt mich fertigzumachen. Wenn ich noch hie und da stolperte, verdiente das keinen neuerlichen Anfall von Selbsthass. Heute steht auf meinem Kühlschrank: „Tiere sind meine Freunde und ich esse meine Freunde nicht." Rückfälle gibt es nahezu keine. Aber wenn doch, erinnere ich mich daran, dass ich ein Mensch bin und als solcher nicht perfekt. Es ist in Ordnung, nicht perfekt zu sein – beim Essen und überhaupt.

Wenn Essen auf die eine oder andere Art dein Thema ist, heißt die Frage, die du dir stellen solltest: „Was gibt mir wirklich Kraft und Stärke? Was tröstet mich, wenn ich traurig bin? Welchen Situationen glaube ich ausweichen zu können, wenn ich übergewichtig oder magersüchtig bin? Was möchte ich mit meiner Art Essverhalten betäuben – Wut, seelischen, körperlichen oder sexuellen Missbrauch, andere Gewalterfahrungen, Trennungsschmerz, ein Sinnlosigkeitsgefühl, die Tatsache, dass auch ich „schwach" bin, den heftigen Wunsch, mich einmal anlehnen zu wollen, meine Einsamkeit? Fällt es mir schwer zuzugeben, dass ich mich verstecke, dass ich mehr Aufmerksamkeit möchte, dass ich eigentlich mit dem Leben überhaupt nicht zurechtkomme? Die amerikanische Starmoderatorin Oprah Winfrey sagte einmal: „Hören Sie auf das Flüstern, bevor ein Schrei daraus wird."

Ungesunde Essgewohnheiten sind Ausdruck von Selbsthass. Dein Körper wird damit zum Instrument, Gefühle auszudrücken, die du verdrängst, weil sie zu bedrohlich sind. Aus irgendeinem Grund sind schmerzhafte Gedanken und Gefühle in dir erstarrt. Sie stecken fest, weil du sie nicht zulässt und dann einfach weitergehst. Schmerz ist nicht dazu gedacht, ewig anzuhalten. Er soll eine Botschaft bringen und sich dann auflösen. Doch deine „Müllabfuhr" hat offenbar nicht funktioniert. So hast du versucht deinen Schmerz loszuwerden, indem du ihn gegessen hast. Bei Magersucht ist der Schmerz auch da, aber er wird nicht gegessen, sondern verweigert. Oder gegessen und wieder erbrochen. Heilung bedeutet aber, sich unverarbeitetem Leid zuzuwenden und schmerzhafte Gefühle aus dem Dunkel ins Licht zu holen.

Wie immer geht es um Liebe. Was auch immer dein persönlicher Schmerz ist, der dich zu viel essen lässt: Du hast nicht Sehnsucht nach Essen, sondern Sehnsucht nach Liebe. Auch Magersüchtige wollen Liebe. Und sie denken, dass sie sie nur erhalten, wenn sie immer dünner werden. Liebe ist eine Erfahrung, nach der sich alle sehnen, und du hast irgendwann bemerkt, dass Essen – oder Nicht-Essen – dich emotional nährt. Das mag auch sein, aber dieser Augenblick ist kurz. Was dich wirklich nährt, ist herauszufinden, dass du selbst Liebe bist und sie dir immer zur Verfügung steht. Ich meine damit nicht die romantische Liebe, sondern die Urquelle, die niemals versiegt. Liebe also auch dein „dickes Ich". Es zeigt dir nur, dass du etwas von deinem Herzen fernhältst, was du dann mit deinem Körper festhältst. Oder im Fall von Magersucht und Bulimie auf sehr bedenkliche Weise „loswerden" möchtest.

Vielleicht schützt du dich mit deinem Essproblem. Solange du unbewusst glaubst, dass dein Gewicht dir Schutz bietet und Dünnsein (oder Dickersein) mit Gefahren verbunden ist, wirst du dafür sorgen, dass du dick bleibst (oder immer noch dünner wirst). Aber Freude, Spaß und Glück findest du nicht im Essen oder Hungern, sondern darin, im Fluss des Lebens zu schwimmen. Deine tiefe Sehnsucht heißt nicht „Noch mehr Futter" oder „Gar kein Futter" mehr, sondern „Mehr Liebe". Aber die Art, wie du mit Nahrung umgehst, hat nichts mit Liebe zu tun, sondern mit Hass. Deshalb ist die Beschäftigung mit der Ernährung immer auch eine große Chance, dich mehr zu lieben.

Ich möchte einen Aspekt am Übergewicht beleuchten, der so unendlich wichtig ist. Wahrscheinlich ist er dir nicht bewusst und wenn doch, dann nicht im ganzen Ausmaß. Marianne Williamson schreibt in ihrem empfehlenswerten Buch „Ein Kurs im Abnehmen" (Goldmann, 2012): „Ihre größte Angst ist nicht, dick zu sein. Ihre größte

Angst ist, dünn zu sein. Ihre größte Angst ist, schön zu sein." So absurd dir das vielleicht im ersten Moment vorkommt – das stimmt! Viele Menschen mit Übergewicht fürchten sich vor Nähe und Sexualität. Sie haben Angst, sexy zu sein, weil sie mit sexueller Aufmerksamkeit entweder eine dunkle Geschichte von Missbrauch verbinden oder nicht wissen, wie sie damit umgehen sollen. Aber sich hinter den Kilos zu verstecken, wird das Problem nicht lösen. Denn es isoliert dich auch von dem, was du dir am meisten wünschst: die Geborgenheit in den Armen eines Menschen, Freude und Lust am eigenen Körper und dem eines anderen. Wenn du nicht mehr so viel Angst hast, wird auch dein Körper dieses Leid loslassen und Kilos abwerfen.

Magersüchtige wollen den Abstand zur Welt wahren, indem sie ihr die Ärmchen und Beinchen eines Wesens zeigen, dass dem Grab näher ist als dem Leben. Marianne Williamson: „Eine Möglichkeit, sich selbst zu lieben, besteht darin, sich zu erlauben, was man haben will. Es ist nicht nur Ihr Recht, sondern auch Ihre Bestimmung auf dieser Erde, die Person zu sein, die Sie sein möchten. Sie sehnen sich danach, den Spaß zu spüren, den es bedeutet, einen durchtrainierten Körper zu haben. Sie sehnen sich danach, in den Spiegel zu blicken und Gefallen an dem zu finden, was Sie sehen. Diese Erfahrung enthält Ihnen niemand anderer vor als Sie selbst. Die Tatsache, dass **Sie** selbst grausam zu sich sind, ist sowohl erschreckend als auch befreiend." Magersüchtige denken, dass sie tatsächlich immer dünner sein **wollen**. Aber auch ihnen gefällt nicht, was sie im Spiegel sehen, sogar wenn sie nur mehr 25 Kilo wiegen. Denn der harte Anspruch an sich selbst lautet: Es ist nie dünn genug.

Je mehr du dich liebst, umso weniger Lust wirst du haben, dir selbst Schaden zuzufügen. Dann kann etwas Neues beginnen. Dein Körper hat dir nichts angetan, sondern er ist ein Spiegel für den Krieg, der in deinem Geist stattfindet. Hör also auf, Messer und Gabel gegen dich zu richten. Damit beginnt eine lebenslange Liebesbeziehung zwischen dir und deinem Körper, die euch beiden Frieden bringen wird.

# SELBSTLIEBE UND SICHERHEIT

Lange Jahre hatte ich in meinem Leben nur einen Wunsch: **Ich wollte Sicherheit.** Die starken Angstanfälle bewirkten, dass der Boden unter meinen Füßen nicht nur wankte, sondern regelrecht verschwand. Vollkommen hilflos und von Todesangst gepeinigt, wollte ich mich in solchen Augenblicken nur bei einer Vertrauensperson festhalten. **Jemand** sollte bitte, bitte verhindern, dass ich effektiv im Nichts versank. Jemand oder etwas sollte mir die Sicherheit geben, dass ich weiterleben würde. Da diese Attacken immer wieder auftraten – irgendwann, irgendwo und in vielen Variationen –, verschwand der Begriff „Sicherheit" auf sehr dramatische Weise aus meinem Leben. Gott sei Dank erlebt nicht jeder Mensch die Auseinandersetzung mit dem Thema „Wie sicher bin ich eigentlich?" auf diese unmittelbare Weise. Aber auf gewisse Art ist jeder davon betroffen. Plötzlich passiert etwas Unvorhergesehenes und alles, was in bisher in Ordnung zu sein schien, versinkt im Chaos. Viele Menschen tun alles Erdenkliche, um „sicher" zu sein. Aber gibt es diese Sicherheit im Leben tatsächlich?

Ich stelle dir jetzt meine Wünsche nach Sicherheit vor, die ich ehrlicherweise auch heute noch habe:
● Ich will, dass wichtige Menschen mich nie verlassen und immer da sind.

- Ich will sicher sein, dass niemand Nahestehender ein tragisches Schicksal erleidet.
- Ich will gesund sein bzw. die Sicherheit haben, dass mein körperlicher Zustand sich nicht dramatisch verschlimmert.
- Ich will immer genug Geld haben.
- Ich will meine Arbeit nicht verlieren.
- Ich will sicher sein, dass ich zu essen habe.
- Ich will sicher sein, dass die Welt nicht untergeht.
- Ich will sicher sein, dass ich im Alter nicht auf andere angewiesen bin.
- Ich will, dass immer jemand da ist, der sich im Notfall um mich kümmert.
- Ich will sanft sterben, danach nicht völlig alleine sein und wirklich und wahrhaftig Gott treffen.
- Ich will immer geliebt werden.

Kommt dir diese Aufzählung bekannt vor? Vieles von dem, was wir tun oder nicht tun, hat nur dieses eine Ziel – wir wollen Schmerz verhindern, in welcher Form er sich auch zeigen könnte. Denn jede Art von Schmerz sorgt dafür, dass alles, was bisher galt, nun nicht mehr gilt. Verzweifelt oder manchmal wütend müssen wir dann erkennen, dass wir unsere „Sicherheit" verloren haben. Aber hatten wir sie denn jemals? Sicher ist nur die Tatsache, dass unser Leben in dieser Form einmal endet. Sonst nichts – gar nichts. Das mag dir nicht gefallen, aber es ist die Wahrheit. Und jetzt steht jeder von uns vor der großen Herausforderung, dennoch Spaß zu haben, zu genießen und das Leben trotzdem zu lieben. In dem Wissen, dass **jederzeit alles** geschehen kann. So ist es nicht selbstverständlich, dass du wieder ausatmest, nachdem du gerade eingeatmet hast. Der Partner verlässt dich, ein Familienmitglied hat einen schweren Unfall. Du selbst erhältst eine schlimme Diagnose. Die Firma meldet Konkurs an, du gerätst in ernsthafte finanzielle Schwierigkeiten oder verlierst deine Wohnung. Ein geliebtes Haustier stirbt. Der Krieg in einem fernen Land hat plötzlich Auswirkungen auf deine Heimat oder Naturkatastrophen verändern das Leben von einem Tag auf den anderen. Das ist ein Teil der Wahrheit. Der zweite Teil lautet: Die Dinge können auch gut laufen. Du lebst in einem gemütlichen Zuhause, eine Operation ist gutgegangen und für dich bedeutende Menschen sind an deiner Seite. Du besitzt vielleicht keine Millionen, musst aber auch nicht darben. Das Land kämpft mit politischen Turbulenzen, ist aber im Frieden. Deine Kinder sind quicklebendig, was auch für Kater Nero und Hund Lilly gilt.

Sehr wahrscheinlich werden sich auch in deinem Leben gute und weniger gute Phasen abwechseln. Und nun heißt die Aufgabe: „Ich finde eine innere Haltung dazu, dass ich nie sicher sein kann, was als Nächstes geschieht. **Denn ich kann das Leben nicht kontrollieren.**"

Meiner Erfahrung nach gibt es im Großen und Ganzen drei Typen von Menschen: Typ 1 weiß um dieses völlige Fehlen von jeglicher Sicherheit und lebt in ständiger Anspannung und Angst. Katastrophen werden hinter jeder Ecke erwartet und das Leben ist eine Folge von Krisen. Typ 2 hält es für unmöglich, dass gerade ihm etwas Schlimmes passieren könnte und ist vollkommen verstört, wenn es doch einmal eintritt. Typ 3 hat sich mit den Gegebenheiten des Lebens ausgesöhnt. Ein Mensch aus dieser Gruppe weiß, dass sowohl Freude als auch Leiden Bestandteile unserer Existenz sind. Aber er lebt im Hier und Jetzt. So genießt er Zeiten des Wohlgefühls, akzeptiert aber auch Phasen von Schmerz. Er fürchtet sich nicht vor einer ungewissen Zukunft, sondern weiß, dass er Herausforderungen in der einen oder anderen Art bewältigen wird.

Wie kannst du nun Mitglied in der dritten Gruppe werden und lernen damit zu leben, dass absolute Sicherheit nicht existiert?

- **Beschäftige dich mit deinem Weltbild.**
  Was glaubst du über das Leben, den Tod, Gott? Deine Überzeugungen sollten dich fröhlicher, mutiger und stärker machen und dich in schweren Zeiten trösten. Ersetze also Einstellungen, die dich nur schwächen.

- **Freue dich über neue wissenschaftliche Erkenntnisse.**
Biologie, Gehirnforschung und Quantenphysik lehren, dass wir
viel mehr Macht über unser Leben haben, als wir bisher dachten.
So beeinflussen unsere Gedanken und Gefühle nicht nur die Erfahrungen, die wir machen, sondern auch die Geschehnisse in unseren Zellen.

- **Wer bist du wirklich?**
Spiritualität und Wissenschaft nähern sich in unglaublichem Ausmaß an. Das Vokabular mag unterschiedlich sein, aber die Aussage ist die gleiche: Jeder von uns ist in seiner Essenz Teil von Gott
oder der universellen Kraft oder des Geistes, der hinter allem steht.
Das bedeutet in letzter Konsequenz: Du bist ewig, ich bin ewig. Es
hat uns schon immer gegeben und es wird uns immer geben. Und
obwohl darum herum noch genug Mysterien existieren: Könnte
nicht schon alleine das helfen, Angst zu reduzieren?

- **Kläre folgende Frage: „Was kann ich kontrollieren und was
nicht?"**
Du kannst bestimmen, ob du abnehmen willst, ein Bewegungs-
programm startest oder eine Ausbildung beginnst. Natürlich ist
es auch sinnvoll, Versicherungen abzuschließen. Aber du kannst
**nicht** kontrollieren, ob ein bestimmter Mensch dich liebt, es am
Wochenende regnet oder eine Umweltkatastrophe stattfindet.

- **Lebe im Hier und Jetzt – eine andere Zeit gibt es nicht.**
Denn die Vergangenheit ist vorbei und die Zukunft ist immer
„morgen". Mach den Satz „Weg vom Schmerz – hin zur Freude" zu
deinem Lebensmotto.

- **Verschiebe keinen Spaß auf morgen, wenn du ihn heute haben
kannst.**
Als Psychologin auf der Krebsstation hörte ich oft Geschichten von
Menschen, die freudvolle Erlebnisse wie Reisen „für die Pension"

und „nach dem Hausbau" aufgeschoben hatten. Tu, was dir guttut.
Und tu es so rasch wie möglich!

- **Lerne das Loslassen.**
  Versuche auf den Anspruch zu verzichten, das Leben müsse genau
  so und nicht anders verlaufen. Die Dinge sind, wie sie sind. Man-
  ches kannst du ändern, anderes nicht. Fließe also mit dem Fluss
  und kralle dich nicht an das Gebüsch am Ufer. Lass los – festhalten bringt nur Schrammen. Denk immer daran: „Du machst einen
  Plan, aber unterschreiben muss Gott."

- **Und noch einmal: Setz dich mit dem Thema „Tod" auseinander.**
  Warum willst du Sicherheit? Wovor fürchtest du dich so, dass der
  Wunsch nach Absicherung so ausgeprägt ist? Worum es im Einzelnen auch geht – Alleinsein, Krankheit, Verlust eines Menschen,
  Blamagen, Geldsorgen –, immer steht am Ende die Angst, es könnte aus sein, wenn diese bestimmte Situation eintritt. Tatsächlich
  ist das „Schlimmste", was dir passieren kann, dass du stirbst. Aber
  vielleicht ist Sterben nicht das letzte Versagen oder eine Strafe,
  sondern nie gekannte Freiheit, unendliche Geborgenheit, das Zu-
  sammensein mit vorangegangenen Lieben und Gott. Viele Weisheitslehren und auch die Berichte von Nahtoderlebnissen legen
  diesen Schluss nahe.

Ich glaube, dass der Tod der Übergang in eine andere Form des Lebens
ist. Ich bin fest überzeugt davon, dass mein Vater und die Großeltern
mich begrüßen, wenn ich einmal aus dem Tunnel trete. Claudia erzählt mir lachend, wie viele himmlische Herren schon ihrem Charme
erlegen sind. Meine Hunde Nasti und Bonni laufen mir entgegen und
unter Tränen schmiege ich das Gesicht in ihr weiches Fell.
Selbstliebe bedeutet, dass du dich mit dem Thema Sicherheit auseinandersetzt. Denn wahrscheinlich tust du vieles oder vieles nicht,
um „sicher" zu sein. Natürlich kannst du dir auch überlegen, was dir
in der Unsicherheit dennoch Sicherheit vermittelt. Vielleicht ist das

ein Schutzengel, ein verstorbener Freund, der wichtige Talisman, ein Krafttier, ein ganz bestimmter Mensch oder die Vorstellung, nie tiefer fallen zu können als in Gottes Hand. Möglicherweise ist es aber auch das Vertrauen in dich selbst, alle Herausforderungen bewältigen zu können.

Lebe **jetzt** und sorge dafür, dass du immer das Beste aus dem Augenblick machst. Das ist eines der erfolgreichsten „Lebensrezepte".

# SELBSTLIEBE
# UND „BÖSE" GEDANKEN

Hattest du jemals Gedanken, die so schlimm waren, dass du selbst darüber erschrocken bist? Hast du dich dann geschämt oder für den schlechtesten Menschen der Welt gehalten?

Gedanken, die du als furchtbar bewertest, sind im Endeffekt gute Helfer. Sie weisen dich auf etwas hin, was du dir bewusst nicht eingestehst. Quäle dich also nicht mit Selbstvorwürfen, sondern versuche, die Botschaft dahinter zu entschlüsseln. Je mehr du dich liebst, desto eher wirst du erkennen, was dir dein Denken sagen will.

Es kann natürlich sein, dass du es genießt, genauso zu denken, wie du es im Moment tust, obwohl der Inhalt alles andere als freundlich ist. Dazu zählen meist Rachegedanken. Du malst dir aus, was du „ihm" antun wirst, weil er dich verlassen hat. Oder „ihr", weil sie der Grund dafür war. Es kann entlastend sein, darüber nachzudenken, wie du dich an Menschen rächen könntest, die dich verletzt haben. Denk darüber nach, schreib es auf, mal es dir bis in die kleinste Einzelheit aus. Und dann tu es **nicht**! Selbst wenn es sich um Taten handelt, die keine gravierenden Konsequenzen haben, schaffst du dir damit viel negative Energie. Also freu dich an all dem Ungemach, das du einer Person bereiten könntest, und dann lass los. Überlass das Richten und die Rache Gott. Wir wissen zwar, dass der damit auch nichts am Hut hat, aber vielleicht kommt das Leben und sorgt für „Gerechtigkeit".

Anders liegt die Sache, wenn du schlimme Gedanken über nahestehende Menschen hast, die dir nichts „angetan" haben. Zumindest nicht auf den ersten Blick und wahrscheinlich nicht bewusst. Barbara saß in meiner Praxis und weinte bittere Tränen. Wir kannten uns nun schon eine Weile und sie hatte mir eben anvertraut, dass sie immer wieder den Wunsch verspürte, dass ihre Mutter sterben möge. Hanna ertappte sich dabei, dass sie sich vorstellte, dass ihr Mann und ihre drei Kinder einen Unfall mit tödlichem Ausgang hätten. Sie konnte sich das absolut nicht erklären und war völlig verzweifelt. Christine hatte häufig Phantasien darüber, dass sie als Prostituierte mit vielen Männern Sex hat und dabei höchste Lust empfand. Sie ist verheiratet und die Schuldgefühle wurden immer stärker. Irene neidete ihrer Freundin Gabi die Schönheit und den Erfolg. Nun spürte sie immer öfter den heftigen Wunsch, dass Gabi etwas Furchtbares zustoßen sollte. Eine schwere Krankheit, der Verlust ihrer Familie, eine Entstellung, die ihr die Schönheit nahm. Elisabeth bekam den Job, den Grazia immer wollte. Grazia fühlte sich wertlos und unwichtig. Und sie hatte nur einen Gedanken – diese Frau sollte verschwinden, egal wie. In ganz dunklen Stunden dachte sie sogar daran, selbst dafür zu sorgen.

Ganz ehrlich – bist du jetzt nur entsetzt und angeekelt oder hast du auch schon einmal solche oder ähnliche Gedanken gehabt? Also mir ist das immer wieder einmal passiert. Ich habe mir zum Beispiel vorgestellt, was ich mit Menschen mache, die Tiere quälen. Das ist einer meiner ganz wunden Punkte. Wenn ich Bilder von misshandelten Tieren sehe, macht es „Klick". Und dann kommt der Anteil einer Person in mir zum Vorschein, die in den Folterkellern des Mittelalters ihre „Kunst" gelernt haben könnte. Viele gescheite Menschen haben mir gesagt, dass auf diese Art nie eine Änderung zum Positiven eintreten wird. Gewalt erzeugt immer Gegengewalt. Ich solle vielmehr Licht und Liebe in diese Situation senden, die Quäler segnen und von jedem Gedanken an Gewalt Abstand nehmen. Diese Leute haben natürlich Recht. Aber das ist eine meiner größten Herausforderungen. Ich habe auch schon den heftigen Wunsch verspürt, dass jemand tot sein sollte, der mir weh getan hat.

Darf das sein? Dürfen wir Dinge denken, die man als anständiger Mensch einfach nicht denkt? Darauf gebe ich dir eine klare Antwort: Ja. Du darfst denken, was du willst. Nicht umsonst sind Gedanken berühmterweise frei und werden auch vom Gesetzgeber nicht verfolgt. Gesteh dir zu, dass du zornig, neidisch oder überfordert bist. Akzeptiere, dass du sexuelle Phantasien hast oder einfach frei von alltäglichen Zwängen sein möchtest. Das ist völlig in Ordnung. Zum Problem werden solche Gedanken erst, wenn sie dich wirklich quälen, über lange Zeit anhalten oder du den ernsthaften Impuls verspürst, Taten zu setzen, die dir oder einem anderen schaden. Dann suche bitte im Sinne der Selbstliebe fachliche Hilfe.

Meist weisen solche Gedanken auf unterdrückte Wünsche hin, die wir uns einfach nicht eingestehen. Barbara hatte ihre Mutter über zehn Jahre gepflegt und dabei das eigenes Leben völlig aus den Augen verloren. Dazu kam, dass die Beziehung seit jeher belastet war und ihre Mutter sie immer wieder beschimpfte. Sie lehnte auch jede andere Pflegeperson ab und Barbara konnte sich nicht dagegen wehren. So sah sie den Tod der Mutter als einzige Lösung, um selbst zu überleben. Nach unserem Gespräch erkannte sie, dass ihre Leistung nahezu übermenschlich war und keinem Menschen abverlangt werden kann. Sie war so gestärkt, dass sie gegen den Willen ihrer Mutter einen 24-Stunden-Pflegedienst organisierte. Das führte anfangs zu großen Turbulenzen, aber heute hat sich die Lage beruhigt. Ihre Mutter kommt gut zurecht und Barbara hat ihr Leben in die Hand genommen. Es war sehr wichtig, dass sie den Gedanken, die Mutter möge sterben, ausgesprochen hat. Erst ab dann konnte sie konkrete Lösungen finden. Es muss niemand sterben, damit du dein Leben führen kannst.

Hanna liebte ihren Mann Gerhard und die Kinder. Aber er war beruflich sehr engagiert und so blieben alle familiären Belange ausschließlich an ihr hängen. Seit Jahren hatte sie keine Zeit für sich selbst, brachte aber einfach nicht den Mut auf, eine Veränderung einzufordern. Dann kamen die Gedanken: „Wie wäre es, wenn meine Familie nicht mehr da ist und ich plötzlich frei wäre?" Sie konnte einfach nicht mehr. Und anstatt nach Alternativen zu suchen, sah sie den einzigen Ausweg darin, Mann und Kinder bei einem Unfall „sterben zu lassen". Als wir darüber sprachen, was der wirkliche Hintergrund dieses Denkens war, sah sie plötzlich andere Perspektiven. Heute beschäftigt sie eine Haushaltshilfe, hat regelmäßig Zeit für sich und wieder musste niemand sterben. Ohne diese schlimmen Gedanken hätte sie noch lange so weitergemacht, bis ein komplettes Burnout das Ende dieser Art zu leben erzwungen hätte.

Die sexuellen Phantasien von Christine wiesen darauf hin, dass der Kuschelsex mit ihrem Partner sie nicht befriedigte. Sie wollte neue Dinge ausprobieren und hatte große Bedenken, mit ihm darüber zu sprechen. Als sie es schließlich doch tat, stellte sie zu ihrer Überraschung fest, dass er genau das wollte und seinerseits Angst hatte, sie zu überfordern. Die beiden haben es nun recht lustig miteinander. Christine hat ihre Phantasien immer noch, aber nun kann sie sie in das Liebesspiel einbauen und die Schuldgefühle sind verflogen.

Irene missgönnt ihrer Freundin nach wie vor den Erfolg und die Freundschaft ist daran zerbrochen. Aber sie weiß nun, dass sie liebevoll ihre Selbstliebe steigern wird. Denn es wird immer Frauen geben, die schöner sind, tolle Männer haben, viel verdienen, die Welt bereisen und abends im eigenen Pool entspannen. Aber jeder von uns muss seinen Weg gehen und mit den Voraussetzungen starten, die vorhanden sind.

Grazia nahm ihre negativen Gedanken zum Anlass, Recherchen zu Elisabeths Beförderung zu betreiben. Sie erfuhr, dass deren Familie mit der des Chefs befreundet ist und sie deshalb bevorzugt wurde. Das nahm ihr nicht den Schmerz, aber sie wusste nun, warum alles so abgelaufen war. Sie wechselte die Firma und hat jetzt einen tollen Job. Natürlich kann es viele Ursachen geben, wenn du dich im Beruf ungerecht behandelt oder übergangen fühlst. Aber nimm auch hier „schlimme" Gedanken zum Anlass zu hinterfragen, was vorgeht. Es ist auf jeden Fall keine gute Lösung, im Zustand der Verbitterung zu verharren.

Ein Sonderfall von „bösen" Gedanken stellt das übertriebene Sich-Sorgen-Machen dar. Anna fürchtet extrem um die Gesundheit ihres

Partners. Dabei ist Hans fit und fühlt sich wohl. Aber sie hat ständig Angst, es könnte ihm etwas zustoßen. Wenn er nur drei Minuten zu spät kommt, ist sie völlig aufgelöst und vermutet furchtbare Geschehnisse. Ist er unterwegs, findet sie keine Ruhe, bis er wieder zuhause ist. Sie erzählt Freunden und der Familie von ihren Sorgen und macht damit sich und anderen das Leben schwer. Kommt dir das bekannt vor? Vielleicht betreffen deine Ängste nicht deinen Partner, sondern einen Elternteil, einen Verwandten oder eine andere Person.

Was steckt hinter diesem Verhalten? Das klingt jetzt vielleicht schrecklich und du bist zunächst einmal empört: Aber ein Teil von dir **will**, dass diesem Menschen etwas zustößt. Das ist natürlich das Letzte, was du vor dir selbst zugeben würdest. Aber Sich-Sorgen-Machen in dieser übersteigerten Art weist auf aggressive Gefühle hin, die du dir nicht eingestehst. Vielleicht fühlst du dich in Wahrheit von dieser Person unterdrückt, nicht genug wertgeschätzt oder ausgeliefert. Möglicherweise bist du durch seine oder ihre Existenz in deiner Freiheit sehr eingeschränkt oder möchtest aus irgendeinem anderen Grund, dass der Mensch eigentlich aus deinem Leben verschwindet. Aber dieser Wunsch ist so tief vergraben oder mit solchen Ängsten verbunden, dass du dir lieber übertriebene Sorgen machst. Die Sorge bedeutet in solch einem Fall, dass du eigentlich möchtest, dass genau das eintritt, was du befürchtest.

Besorgtheit um jemanden kann dir auch zeigen, dass du dich alleine nicht lebensfähig fühlst. Dann wäre der Verlust des anderen sozusagen deine eigene „Vernichtung". Wenn dieser Fall auf dich zutrifft, dann setz dich bitte mit diesen Ängsten auseinander. Das kannst du aber erst, wenn du dir eingestehst, dass es beim Sich-Sorgen nicht nur um das Wohl des anderen geht, sondern hauptsächlich um dein eigenes.

Ich hatte einmal eine Klientin, die befürchtete, dass die Angst um ihre Mutter bewirken könnte, dass dieser tatsächlich etwas zustößt. Sie hatte sich sehr mit der Macht der Gedanken beschäftigt und war überzeugt davon, dass sie nun schuld wäre, wenn ihrer Mutter etwas Schlimmes widerfahren würde. Ich sagte ihr, dass ich fest davon überzeugt sei, dass jemand nur dann stirbt, wenn die Seele auf einer höheren Ebene dafür bereit ist. Und nicht, weil sich ein anderer Mensch in seinen Mustern verfängt.

Wenn du „böse" Gedanken hast, mach es einfach so:

- Finde heraus, ob diese Gedanken nachvollziehbar sind. Wenn dein Mann dich wegen Helga verließ, ist es wahrscheinlich, dass deine Gefühle für die beiden „böse" sind.
- Falls dir deine Gedanken aber absurd erscheinen, dann ist es sehr entlastend, mit einem Menschen darüber zu sprechen, der sich auskennt. Meist geht es um völlig andere Dinge, die du dir dann in Ruhe anschauen kannst.
- Solltest du über längere Zeit Phantasien haben, dir oder einem anderen etwas antun zu wollen, dann sprich bitte **unbedingt** mit einem Therapeuten. Dieser steht unter Schweigepflicht, aber du bist trotzdem nicht mehr allein. Und ihr könnt dann gemeinsam entscheiden, was zu tun ist.
- In allen Fällen: Versuche kein Drama daraus zu machen, sondern herauszufinden, welche Botschaft dir dein Denken tatsächlich sendet. Dann kannst du im Sinne deiner Selbstliebe entsprechend reagieren.

# SELBSTLIEBE UND FACEBOOK

Ich gehe einmal davon aus, dass du in der einen oder anderen Art in Facebook aufscheinst. Ich war ja sehr lange eine totale Verweigerin, was ich jetzt nicht mehr richtig nachvollziehen kann. Eine Bekannte sagte einmal: „Wenn du nicht in Facebook bist, dann gibt's dich eigentlich nicht." Inzwischen muss ich ehrlich zugeben, dass die Präsenz im sozialen Netzwerk mein Leben wirklich bereichert hat. Ich bin mit Leuten „befreundet", die superschlaue Sprüche posten, werde von einem 22-jährigen Jüngling aus asiatischen Gefilden angeflirtet und hab mich sogar soweit vergessen, dass ich mit selbigem um Mitternacht chatte. Ich glaube, der Überhang meiner Verehrer aus dem fernen Osten basiert darauf, dass diese das Alter von Europäerinnen nur schwer einschätzen können. Für mich ist es umgekehrt auch schwer, zu erkennen, wie alt Inder, Balinesen oder Chinesen sind. Anders kann ich mir die heftige Anmache gerade aus diesem Kulturkreis in meinem biblischen Alter nicht erklären.

Ich selbst poste aktiv so gut wie nichts, beteilige mich aber durchaus an der einen oder anderen Diskussion. Da geht es zum Beispiel darum, ob es in Ordnung ist, Tiere zu essen, ob sich jemand einer Facebook-Göttin gegenüber im Ton vergriffen hat oder ein bestimmter Typ provokante Sachen sagt. Ich like schöne Bilder, tolle Erkenntnisse von Teilnehmern diverser spiritueller Gruppen und kommentiere Postings von lieben Freunden.

Was hat nun ein Social Network mit Selbstliebe zu tun? Unglaublich viel. Wie auch alle anderen Situationen im Leben bieten Facebook & Co. eine wunderbare Möglichkeit, Selbstliebe zu praktizieren oder eben nicht. Was schreibe ich, wem schreibe ich, wem antworte ich nicht, wo grenze ich mich ab, wie bald erkenne ich, ob Annäherungsversuche echt sind, welcher Kontakt bereichert mich, welcher nervt, wie weit öffne ich mich? All das sind Fragen, die ja auch im realen Leben eine große Rolle spielen. Mach dir also einmal in einer stillen Stunde klar, ob dein Verhalten in Netz von Selbstliebe zeugt oder eher von Not, Einsamkeit und Bedürftigkeit. Da gibt es Menschen, die so gut wie jede Tages- und Nachtzeit „anwesend" sind. Ich frage mich oft, wie die das machen. Da ist der große Guru, der fast im Stundentakt seine Lebensregeln postet, die indische Lehrerin, die Ähnliches macht, der ägyptische Maler, der mich an seinen neuesten Werken teilhaben lässt, Max, der immer etwas Schlüpfriges weiß, über das ich tatsächlich lachen muss, und viele mehr, die alle eines gemeinsam haben: Sie leben offenbar im World Wide Web. Keine Freunde, keine Familie, kein Hund, der manchmal Gassi muss? Eine Sache, die ich länger nicht verstanden habe, ist das Anstupsen. Mich stupsen Leute an, mit denen ich noch nie einen anderen Austausch hatte, und das seit nunmehr zwei Jahren. Anfangs dachte ich, das dient einer Anbahnung für irgendetwas. Aber das ist nicht der Fall. Francisco aus Argentinien, Anil aus Indien, Celja aus Deutschland und viele andere stupsen mich an und ich stupse fleißig zurück. Geht's noch? Was machen wir da eigentlich? Natürlich schadet das Ganze niemandem, aber ein wenig irre ist es schon. Ich glaube, dass die Stupserei die Illusion erzeugt, dass da irgendwo auf der Welt jemand an mich denkt. Aber denkt Anil wirklich an mich und wenn, was habe ich davon? Darum geht es. Mach, was immer du willst, aber mach es mit der richtigen Einstellung. Dein Umgang mit Menschen aus den Netzwerken soll die Freude in deinem Leben vermehren. Und wenn die „Kontakte" dir eventuell über einsame oder schwierige Zeiten hinweghelfen, ist das völlig in Ordnung. Aber es ist und bleibt eine künstliche Welt.

Natürlich können auch tolle Sachen zustande kommen. Eine meiner Klientinnen ist nun mit einem Italiener verheiratet, den sie über

Twitter kennengelernt hat. Ich selbst fabriziere unter Anleitung der lieben Waltraud Schmuckstücke, die ohne Facebook niemals entstanden wären. Meinen Patenhund Bambi habe ich über die großartige Klara Brümmer gefunden, die in unglaublicher Weise Solange Maeda unterstützt. Solange nimmt in Brasilien misshandelte und ausgesetzte Tiere auf, fährt mit ihnen zum Tierarzt und versorgt sie in jeder Weise. Sieh dir ihre Aktivitäten an und hilf mit, wenn du kannst. Ich bin Mitglied in der Gruppe von „Holger Rabenvater Roscher", der ein schweres Schicksal auch dadurch meistert, dass er wie ich eine enge Freundschaft mit Rabenvögeln geschlossen hat. Irene aus Berlin war schon auf Besuch bei mir und wir hatten eine tolle Zeit. Kurz: Ich habe den für mich passenden Umgang mit Mark Zuckerbergs Erfindung gefunden.

Wie geht es dir damit? Musst du halbstündlich oder öfter checken, was läuft, „Gefällt mir" bei den richtigen Leuten drücken und scharf beobachten, ob dein Posting entsprechend beachtet wird? Wem gefällt es, wenn du ein neues Profilbild von dir hineinstellst? Und warum hat eine gewisse Beate tausende von Freunden und du hast nur 21? Wieso beantwortet X deine Freundschaftsanfrage nicht oder negativ? Warum nimmt niemand zur Kenntnis, dass du ein wunderschönes Urlaubsfoto gepostet hast, und bei Walter überschlagen sich alle, wenn er der Öffentlichkeit bloß ein Bild vom Mittagessen serviert? **Wieso kommen manche sogar im künstlichen Leben besser an als andere?** Du siehst, es gibt eine Fülle von Möglichkeiten, durch den Aufenthalt im Netzwerk gekränkt und verletzt zu sein.

Aber Facebook & Co. sollen dich fröhlicher machen. So hatte mein Ego mal richtig Spaß, als ein junger Mann per Chat bei mir anfragte, ob er mein Toyboy sein dürfe. Daraus ergab sich eine witzige Unterhaltung, während der ich unter anderem erfuhr, dass er absolut nicht auf Hungerhaken steht, sondern auf üppig. So was tut gut.

Ein ganz besonderes Thema ist die Annäherung eines bis dahin Fremden, der plötzlich eine Nachricht schickt wie: „Ich nehme dich in den Arm und streiche dir sanft übers Haar", „Was für ein wunderschönes Lächeln – Sehnsucht", „Schlaf gut, ich treffe dich im Traum". Na, wie klingt das? Viele Frauen – egal ob gebunden oder nicht – haben oft ein großes Defizit an Zuwendung und Zärtlichkeit. Und plötzlich lesen sie Worte, die sie sich immer gewünscht haben – verheißend, leidenschaftlich, verlockend. Und unglaublich unverbindlich. Versteh mich bitte richtig: Wenn du Lust hast, antworte auf solche Botschaften. Aber sei dir zu jeder Sekunde bewusst, dass dieser Mann nicht wirklich **dich** meint. Er kennt nur ein Bild. Meist haben Männer, die solche Nachrichten senden, große Probleme, eine reale Beziehung zu führen. So nehmen sie im Schutze der Anonymität „Kontakt" auf. Auch dagegen ist nicht das Geringste zu sagen. Aber ein Mann, der dich tatsächlich kennenlernen möchte, wird dir sehr bald ein persönliches Treffen vorschlagen. Tut er das nicht, dann fühlt er sich genau dort wohl, wo er ist – im virtuellen Raum. Er will keine Frau aus Fleisch und Blut, sondern eine Puppe, die er je nach Bedarf „hervorholen" kann. Da kann es durchaus sein, dass er nach einigen zärtlichen und innigen Postings plötzlich im Cyberraum verschwindet. Oder aus nicht nachvollziehbaren Gründen eine so große Pause einlegt, dass dir nach all der Wärme auf einmal eiskalt wird. In der Regel halten Männern dieser Art nicht einmal die kleinste Berührung mit der Wirklichkeit aus. Meine Klientin Susa machte in so einem Fall auf meinen Rat hin den Test, indem sie einem gewissen Kurt von ihren Zahnschmerzen schrieb. Nachdem die beiden zuvor täglich mehrmals gechattet hatten, kam auf diese Ansage drei Tage gar nichts. Kein anteilnehmendes Wort, nur das große Schweigen. Und dann stieg er genau dort wieder ein, wo er ausgestiegen war: „Ich sende dir einen zarten Kuss, ich umarme dich." Tja. Keine Frage wie „Sind deine Schmerzen besser?". Das ungeschriebene Gesetz bei dieser Sorte Mann lautet nämlich: „Teil mir bloß nicht mit, wenn es dir schlecht geht. Das interessiert mich nicht und ich will darüber nichts hören." Wenn es dir um deine Zeit nicht leid ist, kannst du natürlich auf diese Art mitmachen. Irgendwann ist er sowieso weg. Aber eigentlich solltest du dich mit „Kontakten" dieser Art nicht zufrieden geben. Wenn du dich selbst liebst, legst du auch in Facebook Wert auf einen respektvollen Umgang. Und auf „Beziehungen", die nähren und nicht zehren. Natürlich können alle diese Dinge auch Männern passieren, aber es liegt in der Natur der Dinge, dass es eher andersherum ist.

Wenn du Lust verspürst, deine Tätigkeiten, Gedanken und Gefühle auf diese Art zu teilen, dann tu das. Aber mach es mit den richtigen Erwartungen – oder noch besser: mit gar keinen. Die Kommunikation im Netz ist von ihrem Wesen her unverbindlich. Natürlich gibt es oft anteilnehmende Sätze, wenn jemand etwas Trauriges erlebt hat, aber manchmal eben auch nicht. So tat es mir einmal wirklich weh zu lesen, dass eine gewisse Ursula gerade ihren Hund verloren hatte und kein Mensch darauf reagierte. Sie hat das sicher in der Hoffnung auf tröstende Worte ins Netz gestellt. Ein anderes Mal beklagte eine Biogärtnerin, dass offenbar niemand Interesse an ihren Tipps hat. Wenn sie das schon merkt – warum macht sie es dann immer wieder?

Als Selbstliebling kennst du die Netiquette und akzeptierst sie. Dann nutzt du das Social Network so, dass es dein Leben bereichert. Und wenn du dich durch etwas, das dort geschieht, gekränkt fühlst, forschst du nach, welche Wunde geheilt werden möchte.

## SELBSTLIEBE UND „ICH HASSE MEINEN KÖRPER"

Hast du ein gutes Verhältnis zu deinem Körper? Ich habe im Laufe meines Lebens mehr Menschen kennengelernt, die diversen Teilen ihres Körpers zumindest zwiespältig gegenüberstanden. Und dann gibt es noch die Fraktion, die nicht ein einziges freundliches Gefühl für den sogenannten Tempel der Seele aufbringt. Lange Jahre gehörte ich zu den Leuten, die kein gutes Haar an ihrem Körper ließen. Der Hauptgrund waren meine Gewichtsprobleme und die ständigen Beschwerden. Bis zu meinem vierzigsten Lebensjahr war ich schlank. Größe 38 bei 1 m 71 cm – das war so weit o.k. Dennoch haderte ich unentwegt mit dem Gewicht. Wenn mir damals jemand gesagt hätte, dass ich später mit Größe „äh" noch unter den Lebenden wandeln würde, hätte ich das glatt verneint. Damals spielte sich das Ganze so ab: Am Morgen griff ich als Erstes auf meinen Bauch. Fühlte der sich dicker an, war das für meine Stimmung gar nicht gut. Dann bestieg ich die Waage. Mein damals akzeptiertes Gewicht betrug 55 kg. Zeigte die Waage 57 kg traten mir bereits die Tränen in die Augen. Diese Geschichte ist **wahr**! Dann begann ich zuzunehmen und wusste nicht, warum. „Das sind die Hormone", hieß es, oder „Na ja, vielleicht plünderst du ja in der Nacht den Kühlschrank." Oder der liebevolle Kommentar meines Bruders Peter: „Was willst du, Schwester? Die Jüngste bist du auch nicht mehr." Alles, was ich unternahm, um die Kilos wieder loszuwerden, scheiterte. Irgendwann hatte ich X Kilo und Kleidergröße Y. Dazu kam, dass mir mein Körper seit dem Unfall fast ständig Schmerzen und Unbehagen bereitete. Kurz: Ich konnte ihn einfach nicht leiden. Was tat er mir bloß an? Nicht nur, dass er völlig aus der Form ging, quälte er mich mit Rückenproblemen, Migräne, Neurodermitis, Übelkeit, Schwindelzuständen und den verhassten Panikattacken.

Den eigenen Körper abzulehnen, ist eine weitverbreitete Angewohnheit. Es gibt auch Männer, die das tun, aber niemals in dem Maße wie Frauen. Frauen hingegen sind extrem kritisch und sehen auch dort Makel, wo einfach keine sind. Selbst solche Damen, die eine Modelfigur haben, finden ihre Oberschenkel „einfach schrecklich", den Busen „zu klein" und den Bauch „zu dick".

Auf den vorsichtigen Hinweis, dass doch alles perfekt ist, reagieren sie extrem genervt. Ach Mädels, ich kann euch ja verstehen. Sogar als ich noch schlank durch die Welt wandelte, war mein Bauch trotzdem eine Quelle der Pein. Objektiv war er damals nicht dick, aber das konnte ich nicht so sehen. Als ich später zunahm, war er ein wirkliches Sorgenkind. Ich war bereit, mich mit einem größeren Hinterteil abzufinden, da dieses in einem akzeptablen Verhältnis zu meiner großen Oberweite stand. Aber die Speckrollen um den Bauch machten mich todunglücklich. Viele Umkleidekabinen wurden Zeuge meiner Verzweiflung, die angesichts der im dortigen Licht noch furchtbareren Wahrheit ins Unermessliche stieg. Ich trug Kleidung, die den Versuch machte, das „Zuviel" zu kaschieren. So zwängte ich mich in Bodies, die extrem einschnürten, und verließ das Haus nicht ohne ärmellose Westen über dem Shirt. Außerdem zog ich den Bauch ein, was die Rückenprobleme verschärfte und zu Atemnot führte. Und ich hasste meinen Körper, weil er mich zu solchen Maßnahmen zwang.

Die Änderung trat ein, als ich aufgrund meiner Panikattacken wieder einmal für viele Wochen nicht der Lage war, auch nur die kleinsten Anforderungen des Alltags zu bewältigen. Nichts ging mehr. Ich lag im Bett, war unfähig aufzustehen und Wellen von Angst überfluteten mich. Die Depression zeigte mir ihr schwarzes Gesicht und ich wollte nur sterben. Als ich aus diesem Zustand wieder herauskam, hatte sich die Einstellung zu meinem Körper verändert. Ich musste nicht mehr nur liegen, sondern die Beine trugen mich wieder. Mein Atem ging gleichmäßig und das Zittern hörte auf. Ich konnte das Haus verlassen und meine Augen sahen die Schönheit ringsum. Ich war bezaubert vom Grün des Waldes und dem Anblick der Blumen in den Gärten. Meine Ohren hörten das Gezwitscher der Vögel und das Rauschen des Windes. Und plötzlich fühlte ich eine unglaubliche Dankbarkeit für meinen Körper, der mir das alles ermöglichte. Mein Geist hatte ihn viele Jahre mit Stress und Angst gequält. Und er hatte alles überstanden. Auf dem Weg durch die verschiedenen Höllen brach er zwar immer wieder zusammen, aber er hatte nie aufgegeben. Dafür liebte ich ihn. Er war immer noch übergewichtig, aber ich versprach ihm, mich darum zu kümmern. Ich streichelte mein Gesicht und bat ihn, mir Botschaften zu schicken, welche Nahrung und wie viel Bewegung er benötigte. Ich versicherte ihm, dass ich mit Stress anders umgehen würde und Gelassenheit zu einer absoluten Priorität in meinem Leben machen würde. Diese Liebe zu meinem Körper hat mich seither nie mehr verlassen. Ich bewundere zutiefst, dass er **mich** ausgehalten hat. Denn nachdem nun auch die Wissenschaft bewiesen hat, dass Gefühle und Gedanken bis in die Zellen wirken, ist mir klar, dass er nur auf meine „Regieanweisungen" reagiert hat. Tapferes Bürschchen!

Mach dir klar, dass dein Körper auf mysteriösen Pfaden nur ausführt, was du ihm „anschaffst", und damit auf Anweisungen aus dem geistigen Bereich reagiert. Das gilt sowohl für Befindlichkeitsstörungen und Krankheit als auch für Übergewicht. Beschimpf ihn also bitte nicht!

Laut den alten Weisheitslehren sucht sich die Seele den Körper aus. Und Friedrich Schiller soll den Ausspruch getätigt haben: „Es ist der Geist, der sich den Körper schafft." Sabrina Fox schreibt in ihrem Buch „Body Blessing" (Ullstein, 2011): „Unsere unendliche Seele hat sich für dieses Leben einen endlichen Körper ausgesucht. Und der will geliebt, einbezogen und gehört werden. Darum soll die Beziehung zum Körper eine Liebesgeschichte sein, die sich in einer simplen Aussage zusammenfassen lässt: ‚Akzeptiere ihn. Liebe ihn. Hör auf ihn.'"

Es ist natürlich leichter, einen Körper zu lieben, der keine Probleme macht. Aber gerade diese Schwierigkeiten könnten Teil dessen sein, was du dir für dieses Leben vorgenommen hast. Denn ein „schwacher" Körper stellt dich vor bestimmte Herausforderungen: herauszufinden, dass du einen Körper hast, aber nicht dein Körper bist, Fürsorge für dich selbst zu entwickeln, Grenzen setzen, auf Botschaften hören, die dir die Seele über den Körper schickt, glücklich sein, auch wenn der Körper nicht optimal „funktioniert", Dankbarkeit als Grundhaltung dem Leben gegenüber zu entwickeln, sich für den Zusammenhang zwischen deiner Gefühlswelt und dem Körper zu interessieren und dann zu lernen, wie du ihn über Gedanken und Gefühle stärken kannst. Oder gar heilen.

Es ist einer der wichtigsten Schritte auf deinem Weg zur Selbstliebe, dass du ein gutes Verhältnis zu deinem Körper herstellst. Hier einige Tipps, die mir geholfen haben:

- Streichle ihn – besonders die Teile, die du nicht magst. Ich habe mir ein gut riechendes Öl gekauft und massiere damit sanft meinen Bauch. Dabei murmle ich: „Es ist o.k, wir schaffen das schon, ich liebe dich."
- Kauf dir duftende Bodylotion. Während du dich eincremst, sag jedem Körperteil, wie sehr du ihn schätzt.
- Bedanke dich für die Arbeit, die dein Körper täglich leistet. Auch – oder gerade – wenn du krank bist.
- Wenn du dich nicht wohlfühlst, forsche nach, was dein Körper jetzt brauchen könnte. Eine Massage? Schlaf? Bewegung? Wasser? Obst? Kohlenhydrate? Eine Pause? Dehnübungen? Einen wilden Tanz, bei dem du loslassen kannst?
- Abgesehen von modischen Überlegungen – kaufe dir ein paar Schuhe, mit denen du wirklich gut gehst.
- Für euch Mädels: Lasst mal Büstenhalter und einengende Unterwäsche weg. Das ist unglaublich angenehm.
- Für Männer: Verzichte, sooft es geht, auf die Krawatte.
- Mach Atemübungen, um zu entspannen. Stell dir dabei vor, wie du Liebe einatmest und Dankbarkeit ausatmest.
- Pflege deinen Körper in jeder Hinsicht.

- Finde Freude daran, ihn so schön wie möglich zu präsentieren. Dazu gehört die passende Frisur, hübsche Kleidung, Schmuck, Parfüm, Maniküre, Pediküre, modische Brille, Makeup. Sag nicht, dass nur die inneren Werte wichtig sind. Auch dein Aussehen zeigt, wie sehr du dich selbst liebst.

# SELBSTLIEBE UND
# ÄSTHETISCHE EINGRIFFE

Viele Frauen – aber auch immer mehr Männer – bewegt die Frage: „Soll ich etwas an mir verschönern lassen?". Menschen, die auf einem spirituellen Weg sind, stehen dem Ganzen meist empört gegenüber. Zumindest offiziell. Und wie verträgt sich der Wunsch nach einem Eingriff tatsächlich mit der Selbstliebe? Dazu muss ich sagen, dass sogar Louise Hay, die berühmte Weisheitslehrerin und Vorreiterin der Bewegung „Wie liebe ich mich am besten?" sich ganz freimütig dazu bekannt hat.

Ich weiß ja nicht, wie es dir geht, aber ich will schon schön sein. Na ja, so gut das halt mit … äh … 43 plus geht. Die Frage ist nur: Wie erhält frau ihre Jugendlichkeit? Reicht dafür wirklich viel Wassertrinken wie uns eine Truppe von in die Jahre gekommenen Schauspielerinnen und Supermodels weismachen möchte? Sie präsentieren glatte Stirnen, faltenfreie Gesichter, dellenfreie Gliedmaßen und flache Bäuche. Dabei haben sie natürlich nur gute Gene, „nieeee" etwas machen lassen und stürzen uns andere damit in die Trübseligkeit. Denn ehrlicherweise müssen wir uns eingestehen, dass einige Linien in unserem Antlitz tiefer geworden sind und die Körpermasse sich offenbar irgendwie umverteilt hat. Oder gab es diese Ringe um unsere Mitte schon immer? So sitzen wir da, starren in das zehnte Wasserglas und beschimpfen unsere eigenen Gene.

Vielleicht zählst du ja zu den Glücklichen, die einfach in Würde älter werden. Dann bezeichnest du die Spuren im Gesicht als Lachfältchen, und etwaige Speckröllchen siehst du mit Humor. Und alleine den Gedanken an einen möglichen Eingriff weist du weit von dir. Obwohl sich das Verhältnis zu meinem Körper grundlegend harmonisiert hat, würde ich dennoch gerne die Zeichen der Zeit ein wenig mildern. Aber zum einen mag ich es gar nicht, wenn sich jemand mit einer Nadel nähert, zum anderen frage ich mich: Wie sinnvoll ist es, der Natur ein Schnippchen schlagen zu wollen? Soll ich das unvermeidliche Älterwerden einfach hinnehmen oder ist ein wenig Schummelei erlaubt? Wenn es dir ähnlich geht und du einen Besuch beim Beauty-Doc erwägst, solltest du vorerst die Frage nach dem **Warum** stellen. Was genau ist dein Beweggrund dafür, sich einer – sagen wir es deutlich – medizinisch nicht notwendigen Behandlung zu unterziehen?

Gute Gründe könnten sein:
- „Ich weiß, dass es zum Leben gehört, älter zu werden. Ich versuche auch, mich gesund zu ernähren, Bewegung zu machen und meinen Geist jung zu halten. Trotzdem möchte ich gerne ein paar Falten mildern, bestimmte Fettdepots verkleinern oder einige Regionen meines Körper straffen."
- „Ich möchte so aussehen, als käme ich erholt aus einem Urlaub."
- „Meine Nase hat einen kleinen Höcker („Meine Ohren stehen ab, mein Doppelkinn finde ich schrecklich …"). Das belastet mich. Wenn ich das ändern kann, würde sich meine Lebensqualität erhöhen."
- „Wenn es heute diese Möglichkeit gibt, das Risiko minimal ist und ich es mir leisten kann – warum nicht?"

Weniger gute Gründe sind:
- „Mein Mann will, dass ich einen größeren Busen habe."
- „Ich ertrage es einfach nicht, dass meine Jugend vorüber ist."
- „Wenn ich mein Gesicht straffen lasse, wird er mich nicht verlassen."
- „Wenn ich X oder Y korrigiere, habe ich endlich genug Selbstwertgefühl."
- „Alle meine Freundinnen tun es."

- „Ich weiß einfach, dass ich nur glücklich sein kann, wenn ich dieses Fett absaugen lasse, mein Gesicht lifte und …"
- „Ich **muss** das einfach machen – auch wenn ich dafür einen hohen Kredit aufnehme."

Liebe Damen und Herren – ich sage euch jetzt die unverrückbare Wahrheit: Ein schönes Äußeres ist zweifellos erfreulich. Ja, das ist es. Aber Glück könnt ihr damit nicht kaufen. Denkt nur an die schönen, reichen und berühmten Menschen, die alles hatten und dennoch am Leben zerbrochen sind. Whitney Houston, Elvis Presley, Marilyn Monroe – hat ihnen ihre Attraktivität dazu verholfen, glücklich zu sein? Und konnte Demi Moore trotz der unzähligen – überaus gelungenen (!) – Schönheitseingriffe ihren jungen Ehemann Ashton Kutcher halten?

Im weitesten Sinne wollen wir schön sein, weil wir tief im Innern davon überzeugt sind, dass wir dann mehr geliebt werden. Aber ist das wirklich so? Zweifellos bekommen attraktive Menschen viel Aufmerksamkeit. Es ist sinnlos, das zu leugnen. Aber werden sie deswegen auch mehr geliebt? Ich kenne einige durchschnittlich aussehende Frauen und Männer, die weitaus mehr Glück in der Liebe haben als viele wegen ihrer Schönheit bewunderte Zeitgenossen. Frage dich vor einem möglichen Eingriff auch, was das Thema „Älterwerden" für dich bedeutet. Wenn du so fühlst wie ich, gefällt es dir gar nicht, dass dein Körper sich verändert. Aber sollen wir deswegen verzweifeln? Ich habe beschlossen, das nicht zu tun, sondern mich darauf zu besinnen, dass mein Herz bis zum seligen Ende jung bleiben kann. Und es gibt immer Menschen, die sich über ein Lächeln von mir freuen, auch wenn die Tage der körperlichen Schönheit dahin sind. Vergänglichkeit ist Teil unseres Lebens. Aber bis wir dieses irdische Dasein beenden, können wir noch eine Menge Spaß haben, Leid lindern, wo es unseren Weg kreuzt, und im Übrigen jeden neuen Tag genießen.

Selbstliebe **kann** bedeuten, dass du dich zu einem Eingriff entschließt. Aber bitte lies dir nochmals die „guten" Gründe dafür durch. Sonst wirst du auf jeden Fall enttäuscht sein, denn Liebe, Seelenfrieden und Glück sind nicht käuflich. Für niemanden.

# SELBSTLIEBE UND VERBITTERUNG

Ich weiß, dass du sehr wahrscheinlich in deiner Kindheit und auch später Dinge erlebt hast, die dir sehr weh getan haben. Vielleicht wurden deine Wunden immer wieder aufgerissen oder sie hatten gar keine Möglichkeit, jemals zu heilen. Du hast das Gefühl, dass das Leben im Vergleich zu anderen nicht gut zu dir war. Das findest du unfair und ungerecht. So wird deine Grundstimmung immer dunkler, du neidest den Menschen alles und jedes und wirst innerlich immer starrer. Dein Gesichtsausdruck ist entweder schwer genervt, vorwurfsvoll, aggressiv oder leidend. Und deine Ausstrahlung sorgt dafür, dass rund um dich jede Fröhlichkeit erstirbt. Die Verletzungen deines Lebens haben dich nicht dazu gebracht, liebevoller und gütiger zu werden, sondern schroff und unzugänglich. Oft schweigst du, aber dann sehr demonstrativ. So, als wolltest du der Welt heimzahlen, was sie dir angetan hat. Wenn du den Mund aufmachst, kommt etwas Negatives heraus, was andere verletzt, ihnen die Freude verdirbt oder sie abwertet. Und genau das willst du auch. Niemand soll glücklich sein, wenn du es nicht sein kannst.

Kurz: Du bist verbittert. Wenn du dich in der Beschreibung wiedererkennst, ist es höchste Zeit, das Programm „So rette ich mich selbst" zu starten. Denn das, was du dir antust, ist eine absolute Sackgasse. Wenn du dich nicht erlöst, hängen deine Mundwinkel eines Tages bis auf die Erde, die Mimik wird mangels eines positiven Gefühlsausdrucks verschwinden und du wirst sehr einsam sein. Ich kann deine Einwände richtiggehend hören: Dass ich keine Ahnung habe, was du mitgemacht hast, wie unglaublich du verletzt wurdest und du jedes Recht hast, verbittert zu sein. Ich kann dich ja verstehen. Aber es bringt einfach nichts, in einem Kokon zu leben, in dem es keine Bewegung mehr gibt. Verbitterung lähmt. Du hütest dein Herz, das sich einmal zu Recht verschlossen hat, weil du noch mehr Schmerz nicht ertragen hättest. Aber dieses verschlossene Herz dient dir heute nicht mehr. Es ist so verriegelt und verbarrikadiert, dass keiner hineinkommt, aber du auch nicht mehr heraus. Damit schneidest du dich von allem ab, was warm, lebendig und leidenschaftlich ist. Wenn du Kinder hast, werden sie extrem darunter leiden und falls du in einer Partnerschaft lebst, schlägt mit Sicherheit auch im anderen ein verschlossenes Herz. Oder er hat dich schon verlassen, weil ein Mensch mit offenem Herzen neben dir gefühlsmäßig verhungert und verdurstet. Ich sage das nicht, um dir weh zu tun, sondern um dir die Augen zu öffnen. Verbitterung tötet alles – deine eigenen Gefühle und die der anderen. Willst du das wirklich? Du und deine Umwelt verdienen Besseres! Das kannst du tun:

- Der erste Schritt zur Beendigung dieses unerfreulichen Zustandes ist das Eingeständnis, dass du verbittert bist. Zu mir kommen immer wieder Klienten mit scheinbar ganz anderen Problemen, Aber dann landen wir bald bei diesem Thema. Zunächst weisen Betroffene meinen vorsichtigen Hinweis auf ihre Verbitterung empört zurück. Sie antworten dann immer, dass sie zu Recht böse sind und sich vom anderen Geschlecht oder der Welt mit gutem Grund zurückgezogen haben. Wenn du das auch so siehst – was hast du davon? Mit einer Verbitterung schadest du nicht nur deiner psychischen und körperlichen Gesundheit, sondern spielst im großen Lebensspiel auch nicht mehr mit. Und wenn doch, hast du die Rolle des sarkastischen Zynikers oder Zerstörers. Damit treibst du andere von dir fort und siehst dann alle deine Vorbehalte bestätigt. Ist das für dich tatsächlich attraktiv? Es gibt im Spiel des Lebens so viele Rollen zu besetzen. Musst du dir ausgerechnet den Fiesling aussuchen, der vom Bühnenrand ätzende Kommentare abgibt?

- Jetzt kommt die Selbstliebe ins Spiel. Du liebst dich nicht ein bisschen, sonst würdest du dir das nicht antun. Und wer sich selbst nicht liebt, kann auch niemanden anderen lieben. Vielleicht brauchst du eine Person, aber das hat mit Liebe nichts zu tun. Also finde bitte etwas, was du trotz allem an dir magst. Die Haare, deine Figur, das Modebewusstsein, die Sportlichkeit, eine Begabung, einen Schulabschluss?

- Dann mach dir klar, dass du diese Art Leben nicht mehr willst. Vielleicht musst du dir das erst bewusst machen oder du weißt es ohnedies. Du möchtest wieder mitspielen und dich spüren. Das **kann** zunächst mit Schmerz verbunden sein, denn aus Angst vor weiterem Leid hast du dein Herz ja einmal verschlossen. Wenn es sich nun vorsichtig wieder öffnet, fließt auch das verdrängte „Material" heraus. Aber du kannst darauf vertrauen, dass immer nur so viel hochkommt, wie du verkraften kannst.

- Dein Herz öffnest du wieder mit Freude, Dankbarkeit, der Einsicht, dass es in die völlige Isolation führt, es geschlossen zu halten, und der tiefen Überzeugung, dass auch du inneren Frieden verdienst. Außerdem möchte ich in dir die Begeisterung wecken, herauszufinden, was du mit deinem Leben noch anfangen kannst. Es gibt so viel zu tun und zu erleben auf dieser Welt. Wäre es nicht spannend wieder mit dabei zu sein?

- Lass nicht zu, dass die Verbitterung über die Vergangenheit deine Gegenwart kaputt macht. Gib **niemandem** und auch keiner Situation diese Macht. Was auch immer dazu geführt hat, dass du in dir erstarrt bist – der Preis ist zu hoch und du solltest ihn nicht mehr bezahlen.

- Tu alles, um deine Fröhlichkeit wiederzufinden. Schau dir lustige Filme an, umgib dich mit lebensfrohen Menschen, besuche einen Vergnügungspark, geh in ein Lachseminar.

- Schau dich in den Spiegel und dann hebe mit beiden Händen deine Mundwinkel an. Wetten, dass du lächeln musst?

Fang einfach an. Das Leben ist zu spannend, um auch nur einen weiteren Tag der Verbitterung zu schenken.

# SELBSTLIEBE UND TRAUER

Meist verbinden wir Trauern mit dem Tod. Ein lieber Mensch ist gestorben und wir sind zutiefst aufgewühlt oder starr vor Schmerz. Der Alltag hat keine Bedeutung mehr und manchmal haben wir das Gefühl, dass auch unser Leben zu Ende ist. Der Tod hat uns etwas genommen, das immer da war. Es gibt keine Berührungen mehr, die vertraute Stimme ist für ewig verstummt. Unabhängig davon, welche Weltanschauung wir haben, wissen wir doch nicht, wohin jemand, der gerade noch hier war, gegangen ist. Wenn du denkst, dass es ein Weiterleben gibt, kann dich die Vorstellung trösten, dass der geliebte Mensch bei Gott ist, zu Hause, wieder vereint mit seinen Lieben oder als ewiges Bewusstsein im Licht. Aber seien wir ehrlich – so richtig vorstellen können wir uns das nicht und es nimmt uns im Regelfall nicht den Schmerz. Wenn du sicher bist, dass mit dem Tod alles vorbei ist, kann das die Trauer noch verstärken. Mein Vater war davon überzeugt, dass seine Existenz für immer ausgelöscht ist, wenn er stirbt. Er pflegte zu sagen: „Einmal muss Schluss sein." Ich bin allerdings überzeugt davon, dass er mit unseren Hunden Boris, Grizzley, Caro, Nasti und Bonni fröhlich durch die Wälder dieser anderen Welt spaziert. Und ich stelle mir unter Tränen sein Erstaunen vor, als er beim Übergang erkannte, dass keinesfalls „Schluss ist".

Obwohl wir alle wissen, dass wir in dem Sinne sterben, dass wir in dieser Form nicht mehr da sind, verdrängen die meisten von uns diese Tatsache. Irgendetwas wird geschehen, dass gerade wir und liebe Men schen nicht sterben müssen. Irgendetwas wird dafür sorgen, dass diese Trauer des Abschiednehmens nicht von uns Besitz ergreift. Vielleicht siehst du das Sterbethema nüchterner. Aber niemand kann die Konfrontation mit dem Tod üben. Darum reagieren die meisten Menschen doch völlig unvorhersehbar, wenn er plötzlich vor ihnen steht und das Liebste mit sich nimmt. Manche sind zu keiner Reaktion fähig, können nicht aufhören zu weinen, sehen keinen Sinn mehr in ihrem Leben, brechen zusammen, sind wie gelähmt oder entwickeln körperliche Symptome. Andere verdrängen den Schmerz und tun so, als ob nichts geschehen wäre. Das ist für sie in diesem Moment die einzige Art mit der Situation umzugehen. Wieder andere sind wütend. Eine Dame, deren Mann gestorben war, saß bei mir in der Praxis und sagte: „Wie konnte er einfach gehen und mich alleine lassen? Das ist so typisch für ihn. Er ist immer verschwunden, wenn es schwierig wurde." Ich selbst war zornig, dass mein Vater mich verlassen hatte, ohne mir zu sagen, dass er mich liebt. Ich war dieser Liebe mein Leben lang nachgelaufen und hatte sie nicht in dem Maß bekommen, wie ich es mir gewünscht hätte. Und nun war er gegangen und ich würde diesen Satz nie mehr aus seinem Mund hören. Es geschah immer wieder, dass diesem Wutgefühl Tränen folgten, denn in Wahrheit war ich ja unendlich traurig.

Trauer hat viele Gesichter und es muss dabei keineswegs immer um den Tod gehen. Vielleicht trauerst du, weil dich jemand verlassen hat. Das kann manchmal noch schmerzhafter sein, als wenn diese Person gestorben wäre. Denn der Mensch, der ging, hätte bleiben können und wollte das nicht mehr. Als ich verlassen wurde, war das für mich wie ein Sterbeprozess. Er hätte mich haben können, aber das interessierte ihn nicht mehr. Er wollte nicht mich, sondern eine andere. Es gibt kaum eine schlimmere Zurückweisung. **Ich** habe nicht mehr genügt, war nicht gut genug, in jeder Hinsicht zu wenig attraktiv. Das war wie die Vernichtung meiner gesamten Existenz. Und entsprechend stark war die Trauerreaktion. Ich weinte viele Wochen, lag apathisch im Bett und war phasenweise nicht arbeitsfähig.

Während der langen Jahre, in denen ich Menschen begleite, habe ich viele Arten von Trauer als Folge von Verlassenwerden erlebt. Sehr häufig ist es eine Art von Besessenheit, die Betroffene befällt. Sie reden ununterbrochen nur von ihm oder ihr, sind zu keinem anderen Gedanken fähig, vernachlässigen ihren Alltag und häufig auch sich selbst. Tausende Male fragen sie ihre Bezugspersonen: „Glaubst du, liebt er mich noch?", „Denkst du, dass wir wieder zusammenkommen?", „Was geht in ihm/ihr vor?". Phasen von tiefer Trauer wechseln mit solchen von Wut, in denen die schlimmsten Racheszenarien überlegt und manchmal auch realisiert werden.

Du kannst wegen vieler Dinge trauern. Weil du mit einer Krankheit oder Behinderung leben musst, einsam bist, die Jugend vorüber ist, etwas Wichtiges nicht gelang, du gekündigt wurdest, eine Person keinen Kontakt mehr mit dir möchte, deine Eltern dich nicht genügend geliebt haben, du das Gefühl hast, dein Leben nicht wirklich zu leben, eine Chance ungenützt vorüberging, dein Wunsch nach einer Familie sich einfach nicht erfüllt, du keine Perspektiven mehr siehst, du zugenommen hast und das Gewicht einfach nicht weniger wird, du deine Schüchternheit und Nervosität nicht ablegen kannst, überzeugt bist, dass dich niemand liebt, du von Kindheit an ein Außenseiter warst, dein Partner dich einfach nicht versteht, das Geld nicht reicht, um dir einen Traum zu erfüllen, oder vieles mehr. Schließlich kannst du „einfach so" traurig sein. Du bist daheim und tust irgendetwas, gehst auf der Straße, bist von Menschen umgeben oder sitzt im Auto. Und plötzlich überfällt dich eine Traurigkeit, die scheinbar aus dem Nichts kommt. Wie ein schwarzer Mantel legt sie sich um deine Schultern und du hast keine Ahnung, was gerade passiert. Oder deine Grundstimmung ist von Trauer bestimmt. Nichts Besonderes ist geschehen, doch du bist einfach nur traurig – wenn du genau überlegst, eigentlich schon sehr lange. Natürlich haben auch diese Formen der Trauer ihre Gründe. Die Ursache können unbewältigte Schmerzerfahrungen sein, die aus der Kindheit stammen oder später entstanden sind. Sie sind dir sehr wahrscheinlich gar nicht bewusst. Und nun sorgt die ständige oder anfallsartige Traurigkeit dafür, dass du ihnen Aufmerksamkeit schenkst, denn alte Wunden wollen immer geheilt werden.

Auf deinem Selbstliebeweg bietet dir die Trauer dazu eine Möglichkeit. Sie zeigt dir, wo noch Verletzungen bestehen, Einstellungen korrigiert werden können und wo du dich liebevoller behandeln solltest. Die Trauer fordert dich auch auf, dein Weltbild zu hinterfragen. Das, was du über dich, den Sinn das Lebens, den Tod oder Gott glaubst, wird wahrscheinlich nicht verhindern, dass du traurig bist, aber es sollte dich stärken und trösten.

Wie kannst du Trauer bewältigen?
- Akzeptiere zunächst, dass du traurig bist. Es gibt keine Regeln, wie lange so eine Phase dauern darf.
- Sei gut zu dir. Trauer will dich etwas lehren. Also finde heraus, was das sein könnte. Akzeptanz? Loslassen? Vertrauen, dass alles in Ordnung ist? Dankbarkeit? Die Änderung eines Glaubenssatzes im Sinne einer positiven Überzeugung? Was auch immer das Thema im Einzelfall ist – es geht immer um mehr Selbstliebe.
- Fühle jedes Gefühl, das hochkommt – es ist in Ordnung verzweifelt, hoffnungslos, tränenüberströmt oder tränenlos zu sein. Genauso in Ordnung ist es, Wut zu empfinden oder auch gar nichts. Die Zeit wird kommen, in der du erkennst, ob etwas zu tun ist und was.
- Es kann auch sein, dass deine Trauer dich darauf hinweist, dass wichtige Änderungen in deinem Leben nötig sind.
- Spüre, was du im Moment am meisten brauchst. Gute Gespräche? Ruhe? Eine Auszeit? Jemand, der dich in den Arm nimmt? Ablenkung? Dann geh hin und hol dir genau das.
- Such dir Hilfe, wenn du merkst, dass du den Alltag überhaupt nicht mehr bewältigst, die Depression deine Begleiterin geworden ist oder du selbst erkennst, dass die Trauerphase übermäßig lange dauert. Es gibt Menschen, die dir helfen können. Quäle dich also nicht alleine, sondern lass dich unterstützen.

**Barbara Pachl-Eberhart** hat das Schlimmste erlebt, was einer Mutter und glücklichen Ehefrau passieren kann. Bei einem Unfall verlor sie ihren Mann und die beiden Kinder Fini und Thimo. Wahrscheinlich kann kein anderer nachvollziehen, was das bedeutet. Und jeder könnte verstehen, wenn Barbara daran zerbrochen wäre. Doch das ist sie nicht. Ich wurde auf sie aufmerksam, als ich ein Interview im Fernsehen sah. Sie erzählte ihre Geschichte und ich konnte nicht fassen, wie „anders" sie mit diesem schlimmen Schicksal umging. Da war Trauer, aber auch unbändiger Lebensmut, Freude und sogar Lachen. Wie machte diese Frau das bloß? Ein paar Antworten fand ich in ihrem Buch „Vier minus drei" (Integral, 2010). Später traf ich sie persönlich und lernte sie noch besser kennen. Sie ist felsenfest davon überzeugt, dass es ihren Lieben drüben gut geht und dass es nun ihre Aufgabe ist, dafür zu sorgen, dass auch sie sich wohlfühlt. So wurde sie kritisiert, weil sie bereits vier Monaten nach dem Unfall in dem Schauspieler Ulrich Reinthaller einen neuen Lebenspartner fand. Aber Barbara entschied sich dafür, dieses Gefühl zu leben, auch wenn andere eine Beziehung zu diesem Zeitpunkt als „unpassend" empfanden.

Heute hält sie Vorträge und Seminare. Außerdem arbeitet sie als Trauerbegleiterin. Ich habe sie gebeten, auf ein paar Fragen zu antworten:

## Nach all deinen Erfahrungen – was hast du über das Trauern gelernt?

„Am 20. März 2008 begann für mich eine Reise in ein bislang unbekanntes Land – das weite, wilde, wüstenhaft gefährliche, wunderbare Land der Trauer. Es war der Tag, an dem mein Mann und meine Kinder bei einem Autounfall ums Leben kamen. Da war sie, die Trauer – größer als ich, mächtiger, stärker. Ich musste mich ihr anvertrauen und ihre Spielregeln akzeptieren. Heute, nach fünf Jahren, kann ich zurückblicken und weiß: Die Trauer und ich, wir sind Freunde geworden. Mein Leben hat inzwischen neuen Sinn gewonnen, meine Familie hat einen guten Platz in meinem Herzen und in meinem Leben, ich kann mich freuen und sogar wieder lauthals lachen. Was ich über das Trauern gelernt habe? Vor allem das eine: Die Trauer nimmt uns nichts, wir müssen keine Angst vor ihr haben. Die Trauer springt da ein, wo das Leben ein Loch in unser Leben gerissen hat. Solche Löcher können wir nicht verhindern. Tod, Trennung, Verlust, das alles gehört zum Leben, ebenso wie die Blüte, die Freude, der Gewinn. Die Trauer ist unsere Verbündete. Sie sorgt dafür, dass unser Körper sich erholt – das geht ganz von alleine, es ist erstaunlich, wie ausgeklügelt die biologischen Prozesse sind, die in uns ablaufen, wenn wir trauern. Schlaf, Gedankenstille, Tränen – die reinsten Wundermittel, wenn wir die Möglichkeit haben, sie zu nutzen. Im Lauf der Zeit habe ich außerdem begriffen, dass die Trauer so etwas wie eine starke Lupe ist, die uns zwingt, uns anzusehen, wie wir sind. Sie zeigt uns all unsere Ängste und verdrängten Schwachstellen, aber nicht nur das: Sie vergrößert auch unsere Stärken und verstärkt die Möglichkeit der Kraft."

### Was kannst du Menschen sagen, die gerade jemanden verloren haben?

„Ich glaube, was Trauernde vor allem brauchen, ist, dass man ihnen zuhört. So haben sie die Möglichkeit, ihre Gedanken zu sortieren und ihre Erinnerungen zu festigen. Aus eigener Erfahrung möchte ich allen Trauernden Mut machen, ihren Gefühlen zu vertrauen und sich nicht von Erwartungen oder Bildern unter Druck setzen zu lassen. Ich selbst bin froh, dass ich diesen Weg nicht alleine gehen musste. Hilfe annehmen, auch und vor allem von Profis wie Therapeuten und Trauerbegleitern – dazu rate ich allen, die sich auch nur ein wenig überfordert fühlen."

### Was rätst du jemandem, der seine Trauer auch nach langer Zeit einfach nicht bewältigen kann und sich vollkommen vom Leben zurückzieht?

„Das Leben ist – gerade heutzutage – sehr fordernd und anstrengend. Trauer fordert uns auf andere Weise ebenso sehr. Manchmal geht eben nicht beides gleichzeitig, wir müssen uns langsam wieder an ein ‚normales' Leben herantasten. Fast alle Menschen verändern sich durch die Trauer, die meisten werden stiller und ziehen sich öfter zurück. Und doch: Da, wo der Rückzug aus dem Leben zu existenziellen Schwierigkeiten führt, rate ich unbedingt zu einer Therapie oder zum Besuch in einem psychosozialen Zentrum. Es gibt so viele gute Begleiter, und sie warten darauf, dass wir ihnen die Hand geben!"

**Glaubst du, dass wir einander im „Jenseits" wiedersehen?**

„Ganz bestimmt, ich bin felsenfest davon überzeugt. Es gibt so viele wunderbare Berichte über solche Begegnungen und viele Geschichten beweisen, dass Nahtoderlebnisse etwas ganz anderes sind als ‚Wunschträume'. Blinde können plötzlich sehen, Taube hören. Ein Mädchen trifft an der Schwelle des Todes einen Jungen im Motorradanzug, den es nicht kennt. Als es später seinen Eltern davon erzählt, beginnen die zu weinen und erzählen dem Mädchen, dass es einen Bruder hat, der lange vor ihrer Geburt bei einem Motorradunfall gestorben ist."

**Hattest du nach dem Tod deiner Familie Begegnungen mit ihnen oder gab es Zeichen irgendwelcher Art?**

„Ja, viele. Ich habe Traumbotschaften erhalten, hatte Visionen und auch ganz klare körperliche Erfahrungen. Zum Beispiel als meine Tochter starb, da war ich gerade im Wald spazieren. Ich wusste nicht, dass sie gerade am Gehen war, ich hatte überhaupt nicht damit gerechnet, doch gerade im Moment ihres Todes erfasste mich eine Kraft, ein Licht, eine Energie, die ich nur als pure Glückseligkeit bezeichnen kann. Ich bin laut singend durch den Wald getanzt, ich konnte gar nicht anders. Fini hat mich ein kleines Stück weit mitgenommen, dorthin, wo sie jetzt ist, das weiß ich mit Sicherheit."

**Was hältst du von Medien, die sagen, dass sie Kontakt mit Verstorbenen herstellen?**

„Ich habe das selbst einmal erlebt, bei einem Abend mit Paul Meek. Es war wunderbar und in meinen Augen ein weiterer Beweis für das

Leben nach dem Tod. Und doch warne ich davor, sich von medialen Botschaften abhängig zu machen. Die Toten haben ihre Aufgaben, dort drüben, und wir müssen hier für unser Leben verantwortlich sein. Wir dürfen die Toten nicht dauernd um Rat fragen. Und wenn sie uns einmal bewiesen haben, dass sie da sind, sollten wir nicht unmäßig sein und mehr und mehr wollen. Eine meiner Freundinnen ist Schamanin und sie hat zu mir gesagt: ,Für die Toten ist es sehr anstrengend, auf diese Frequenz herunterzugehen, in der sie mit uns kommunizieren können. Lass sie in Ruhe. Die haben anderes zu tun.' Ich glaube, sie hat Recht. Vertrauen ist das größte Geschenk, das wir unseren Lieben im Himmel machen können. Je mehr wir vertrauen, umso mehr Überraschungen erhalten wir – von oben, aber auch von der Erde und dem Leben selbst."

## Hat dir Selbstliebe geholfen, deine Trauer zu bewältigen, oder hat gerade das Trauern zu mehr Selbstliebe geführt?

„Als ich nach dem Tod meiner Kinder das Krankenhaus verließ, um die ersten Schritte in ein neues, völlig unbekanntes Leben zu machen, habe ich mir selbst ein Versprechen gegeben: Ich würde mich gut um mich selbst kümmern. Ich erinnere mich daran, wie ich am Parkplatz des Krankenhauses eine Erdbeere pflückte und sie in meinen Mund steckte, als Zeichen. Früher hatte ich jede Erdbeere meinen Kindern gegeben. Jetzt bekam ich sie und mit ihr alle Liebe, die ich mir selbst nun zu geben hatte. Selbstliebe war überlebenswichtig. Viele Menschen sagen, ich sei so stark gewesen in meiner Trauer. Ich glaube, ich war vor allem liebevoll zu mir selbst. Die Kraft kam und ging, die Liebe blieb, auch in den tiefsten Tälern. Der Tod ist eine Erlösung von Leid, von Schmerz, aus einem Körper, der – aus welchem Grund auch immer – nicht mehr leben kann. Den Toten geht es gut, das schwöre ich. Daher darf es auch uns wieder gut, richtig gut gehen. Wenn wir lernen, es uns gut gehen zu lassen und zu begreifen, dass wir dadurch den Toten sogar näher kommen als durch all unsere Tränen, dann steht uns der Weg zur Selbstliebe offen."

# SELBSTLIEBE UND QUANTENPHYSIK

B itte lies dieses Kapitel, auch wenn es dieses eigenartige Wort ent-hält. Ich verspreche dir verständlich auszuführen, was die neuesten Erkenntnisse der Wissenschaft mit deiner Selbstliebe zu tun haben.

Also: Alles, wirklich alles besteht aus Quanten, Das sind winzig klei-ne Energieteilchen, aus denen wir und die Welt um uns aufgebaut ist. Der vermeintlich leere Raum dazwischen ist nicht leer, sondern ein Energiefeld. Es gibt eine Fülle interessanter Bücher, die du zu diesem Thema lesen kannst, wenn dich das näher interessiert. Ich habe mich auch in meinem Buch „Wie Heilung geschieht" (Droemer, 2010) aus-führlich damit befasst. Wenn wir mit unseren Augen sehen könnten, was auf der Quantenebene passiert, würden wir einander als eine Art Energiebälle wahrnehmen, die in einer Energiewolke schweben. Damit wird die Aussage der Mystik „Alles ist mit allem verbunden" einleuch-tender. Ich konnte damit nie etwas anfangen, aber jetzt verstehe ich es besser. Es gibt keine exakte Trennung zwischen Wolken. Wir sehen die Welt nur deshalb nicht als riesiges Energienetz, weil die Geschehnis-se auf der Quantenebene für unsere Augen viel zu schnell vibrieren. Letztlich sind also Menschen, Tieren, Pflanzen und alles, was existiert, Teil eines untrennbaren Ganzen. Das Energiefeld zwischen uns wurde erst vor relativ kurzer Zeit entdeckt und mit Namen wie „ewiges Sein", „Feld des reinen Potenzials" oder „universeller Geist" bezeichnet. Hier gibt es keine Trennung, keine Zeit – nur das ewige Jetzt. Der berühmte Physiker Stephen Hawking nennt es „das Bewusstsein Gottes".

Wir selbst sind in unserer Essenz Geist, ewiges Bewusstsein und können kraft unserer Gedanken und Gefühle dieses Feld so beeinflussen, dass Realität entsteht. Und das tun wir auch, nur meist unbewusst, und dann eben oft nicht in unserem Sinne. Jetzt wird es echt spannend: In der Quantenwelt liegen alle Möglichkeiten, wie eine Situation aussehen kann, nebeneinander. Indem wir unsere Aufmerksamkeit auf eine ganz bestimmte Möglichkeit lenken, wird gerade diese zu unserer Wirklichkeit. Ich war jahrelang auf Ängste, Panikattacken und körperliche Beschwerden fokussiert. So habe ich mich nahezu hundert Prozent der Zeit auf **diese** Möglichkeit konzentriert. „Sabine mit der Panikstörung" wurde zu einer Identität und damit zur Realität. Nachdem ich mich mit der Quantenphysik auseinandergesetzt hatte, faszinierte mich der Gedanke, dass irgendwo im offenen Quantenmeer eine Sabine existiert, die keine Panikattacken hat, völlig gesund ist und fröhlich in den Wogen des Quantenozeans herumsurft. Das nötige Kleingeld liegt auf der Quantenbank und die Villa steht im Rosenquantengarten. Uff! Warum sollte ich also nicht die gebündelte Aufmerksamkeit auf diese Version von mir lenken?

Wenn die Dinge sich tatsächlich so verhalten – und die Forschungen sprechen dafür –, warum „erquanteln" wir uns dann nicht alle den Himmel auf Erden samt sämtlicher irdischen Freuden? Jetzt kommt endlich die Selbstliebe ins Spiel. Natürlich willst du bewusst alles Gute, Schöne und Großartige in deinem Leben. Wenn du aber tief im Unterbewusstsein alte Programme gespeichert hast, die ungefähr so lauten: „Ich bin wertlos, nicht liebenswert, habe ohnedies keine Chance, bin ein Opfer, werde meine schlimme Kindheit nie überwinden, bin zum Leiden verdammt, werde immer unglücklich sein" und so weiter und so weiter, dann blockierst du deine positiven Gestaltungsmöglichkeiten. Und es werden sich genau diese Gegebenheiten in deinem Leben als Wirklichkeit erweisen, die deinen unbewussten Mustern entsprechen. Wenn du dich nun selbst liebst, machst du dich begierig auf Spurensuche. Jedes hinderliche Muster wird begeistert identifiziert, bearbeitet und entsorgt. Du hörst auf zu verdrängen und freust dich über deine „Reinigungsarbeit", die dir zu klarerem Erfolg bei der „Quantelei" verhilft. Dann kommt natürlich noch der Plan der lieben Seele mit ins Spiel. Sie ist dein wahres Wesen, weise Instanz, ewiges Bewusstsein – das, was du wirklich bist und was von dir bleibt, wenn du „stirbst". Sehr wahrscheinlich hast du keinerlei Lust auf finanzielle Probleme, gesundheitliche Beeinträchtigungen, ständigen Liebeskummer oder ähnliche Unerfreulichkeiten. Aber du erschaffst dir solche Umstände, weil du dir – im Seelenland – vorgenommen hast, über genau diese Erfahrungen zur Liebe zu gelangen. Jedes Problem, jede Erkrankung, jedes Hindernis auf deinem Weg lädt dich immer ein, dein Verhältnis zur Liebe zu überprüfen. In den schlimmsten Situationen deines Lebens hast du immer die Chance, lieblos oder voller Liebe dir gegenüber zu handeln. Jede Herausforderung ruft dir zu: „Bist du schon bereit, anders mit dir selbst umzugehen?" Hör einfach zu und handle danach. Dann ersparst du dir eine Menge Schmerz.

Kennst du den Spruch „Du hast nicht immer das, was du willst, aber du hast immer das, was du brauchst"? Ich verstehe, wenn du diesen Satz hasst. Viele weise Menschen haben sich bemüht, mir immer wieder zu erklären, dass die Seele am besten weiß, was ich für meinen Weg benötige, und sie mir genau das gibt. Wer will das schon hören, wenn das Leid in seiner vielfältigen Form ein häufiger – oder ständiger – Begleiter ist?

Liebe Leute, um noch einmal alle Unklarheiten zu beseitigen: Bei allen sogenannten Lernprozessen geht es immer um die Liebe. Egal in welcher Situation du dich auch befindest – frage dich: Was würde die Liebe jetzt tun? Und damit ist zunächst einmal die Liebe zu dir selbst gemeint. **Selbstverständlich** kannst auch aus Liebe zu jemand anderem handeln, aber meistens vergisst du diesen wichtigen ersten Teil. Außerdem tust du vermeintlich etwas „aus Liebe", das eher aus Angst vor Konflikt oder Liebesverlust entsteht. Und damit bleibst wieder du auf der Strecke.

Betrachte deine momentane Lebenssituation und frage dich: Was würde ich jetzt tun, wenn ich mich schon von Herzen lieben würde? Welche Grenzen würde ich ziehen, mit wem hätte ich Umgang und mit wem nicht, welche Menschen würde ich aus meinem Leben entfernen, welche Änderungen gäbe es in der Partnerschaft, im Beruf, in meinem Privatleben? Wie würde ich mich selbst behandeln? Wäre ich freundlicher, liebevoller, warmherziger zu mir selbst? Möglicherweise auch in manchen Bereichen disziplinierter? Wie würde ich mich ernähren und bewegen? Würde ich der inneren Stimme mehr Gehör schenken, die sagt: „He du, du brauchst mehr Ruhe, ein anderes Tempo, ein wenig mehr Abwechslung, eine Auszeit?" Um dich dazu zu bringen, diese Fragen – endlich – zu beantworten, schickt dich die Seele bei Bedarf durch Berg und Tal. Und das alles nur, damit du es endlich kapierst.

Zur Lektion „Liebe" gehören noch solche Themen wie Loslassen, Akzeptanz, Leben im Hier und Jetzt und Vertrauen. Aber wer von uns will schon hören: „Du musst loslassen, den Dingen ihren Lauf lassen, dir nicht den übermorgigen Kopf zerbrechen und darauf vertrauen, dass alles gut wird." Also sorgt Frau Seele dafür, dass wir genau **das** lernen müssen.

Ist das mit dem Erschaffen aus der Quantenwelt jetzt ein wenig klarer? Wir erschaffen – immer. Wenn dir also etwas in deinem Leben nicht passt, dann vertraue darauf, dass deine weise Seele genau weiß, was sie tut. Wahrscheinlich können dich nur die zunächst unerfreulichen Umstände dazu bringen, dich mehr zu lieben. Zieh also aus jedem Leid immer diesen Schluss. Das heißt: Was gerade ist, soll so sein. Entspann dich und lass die Liebe zu dir selbst dafür sorgen, dass du die richtigen Impulse erhältst, Änderungen vorzunehmen.

Denn jetzt kommt unsere große Chance. Wir – du und ich – können ja wählen. Und wir wählen jetzt, dass wir schön brav alle nötigen Schritte gehen werden – **ohne** Leid. Wir versprechen unserer Seele, dass wir das mit dem Lieben und der Selbstliebe verstanden haben und keine Horrordramen mehr erleben müssen, damit wir einen Weg korrigieren. Auf geht's, ihr Lieben!

Eines Nachts hatte ich ein eigenartiges Erlebnis. Ich war nicht richtig wach, aber es war auch kein Traum. Ich liege am Strand eines Hotels irgendwo am Meer zusammen mit meiner Freundin Babsi und meiner Hündin Gioia. Plötzlich bemerke ich, dass die Wellen immer höher und höher werden. Wir laufen auf das Hotel zu. Das Personal ruft uns zu, dass wir in den zweiten Stock gehen sollten, dort wären wir geschützt. Ich laufe die Stiegen hinauf und drehe mich nach Babsi und Gioia um. Sie sind beide verschwunden. Ich schreie ihre Namen, aber es kommt keine Antwort. Von einem Fenster aus kann ich sehen, dass die Wellen bereits so hoch sind, dass sie im zweiten Stock an die Scheiben klatschen. Ich laufe die Stiegen hinauf und rufe immer wieder nach meiner Freundin und meinem Hund. Ganz oben gibt es einen Raum, in dem schon viele Leute versammelt sind. Die Wassermassen werden höher und höher und es tobt ein gewaltiger Sturm. Plötzlich ist mir klar, dass ich das hier nicht überleben werde. Es ist ein schrecklicher Zustand, in dieser Menschenmenge zu stehen und zu wissen, dass der Tod unweigerlich auf mich zukommt. Bei jedem Tosen des Wassers, das das oberste Stockwerk trifft, weiß ich nie, ob das jetzt schon das Ende ist oder noch nicht. Ich schreie: „Bitte singen wir!", weil mir einfällt, dass die Menschen auf der untergehenden Titanic „Näher mein Gott zu dir" sangen. Hie und da erhebt sich zögernd eine Stimme, aber das Brausen und Krachen wird lauter und übertönt den Gesang. Die Jalousien des großen Fensters zum Strand sind herabgelassen und ich überlege, ob es besser ist, den Tod unmittelbar auf sich zukommen zu sehen oder nicht. Mir ist klar, dass alle in den unteren Stockwerken tot sind – auch Babsi und Gioia. Der Schmerz krümmt mich zusammen und ich sinke auf den Boden. Von einem Moment auf den anderen höre ich wieder diese mir nun schon bekannte innere Stimme, die sagt: „Du kannst wählen, ob du jetzt stirbst oder weiterlebst." Ich richte mich auf und sage laut: „Ich entscheide mich für das Leben." In dieser Sekunde beginnt alles nachzulassen. Die Wellen werden schwächer, das Brausen des Sturmes verringert sich. Vorsichtig schaue ich durch die Jalousien. Rundherum ist nur Wasser, aber es ist keine Welle mehr zu sehen. Am Horizont geht die Sonne auf.

Ich befand mich nach wie vor in diesem Zwischenzustand von Wachen und Schlafen. Ich zitterte am ganzen Körper, war schweißnass und mein Herz raste. Aber die Botschaft war deutlich: Ich kann wählen – sogar, ob ich sterbe.

Das deckt sich mit allem, was ich von der Mystik und nun auch von der Quantenphysik gelernt habe. Wir alle wählen – immer. Auch Neale D. Walsch erfährt in seinen „Gesprächen mit Gott", dass wir den Zeitpunkt unseres Todes wählen. Das mag nicht nachvollziehbar sein, wenn jemand jung stirbt oder Kinder zurücklässt. Aber die Seele hat vollendet, weswegen sie gekommen ist, und geht nach Hause. Auf dieser Ebene „wissen" das auch die anderen Beteiligten.

Sei dir bewusst, dass du wählst, auch wenn es nicht immer so funktioniert, wie du das möchtest. Ich sage heute: Ich möchte das, wünsche mir jenes. Ich tue, was ich kann, und dann überlasse ich den Rest der Seele. Schließlich ist mir nicht bewusst, was sie von ihrer allwissenden Position aus für mich als das Beste erachtet. Aber inzwischen vertraue ich ihr. Schließlich gibt es „sie" schon ewig und „mich" als Sabine nur einige Zeit. Wenn du dich selbst liebst, wirst auch du zu dieser „Ich kann wählen, aber es kommt nicht immer das gewünschte Ergebnis"-Geschichte eine friedliche innere Haltung bekommen.

# SELBSTLIEBE UND EPIGENETIK

Epigenetik ist schon wieder so ein Begriff, der zunächst abschreckt. Aber die grundlegende Aussage dieser „Genetik jenseits der Genetik" ist so spektakulär, dass du unbedingt auch darüber Bescheid wissen musst. Der amerikanische Universitätsprofessor für Zellbiologie und Medizin Dr. Bruce Lipton hat über seine Forschungen das Buch „Intelligente Zellen" (Koha, 2006) geschrieben. Damit macht er die geheimnisvollen Vorgänge in unserem Körper auch für Laien verständlich. Und er kommt zu unglaublichen Ergebnissen:

- Das Geschehen in der Zelle wird von Gedanken und Gefühlen bestimmt – **nicht** von den Genen.
- Gene „schlafen", bis sie aktiviert werden – durch Gefühle, Gedanken, Stress und Verhaltensweisen, die damit einhergehen. Natürlich kann es durch Generationen hindurch Depressionen in einer Familie geben. Das liegt aber dann nicht an den Genen, sondern an dem emotionalen Klima, das weitergegeben wurde.
- Wie bestehen aus vielen Billionen Zellen, die sich in relativ kurzer Zeit erneuern. Wenn wir darüber Bescheid wissen, können wir darauf achten, dass wir diese Jungspunde nicht wieder mit den alten Programmen füttern, sondern mit frischer Inspiration versorgen. Jedes der kleinen Dinger atmet, verdaut, nimmt Informationen auf und gibt sie weiter. In Kenntnis der neuen Sachlage sorgen wir nun dafür, dass diese Information unseren Wunschen entspricht.

Das ist die neue Botschaft der Wissenschaften Epigenetik, Quanten-physik, Gehirnforschung und Biologie: Wir sind um so viel mächtiger, als uns bewusst ist. Universitätsprofessor Bruce Lipton: „Die Kontrolle über unser Leben wird nicht einem genetischen Würfelspiel überlassen, sondern in unsere eigenen Hände gelegt. Wir können unsere Biologie steuern!" Univ.--Prof. Dr. Joachim Bauer, Molekularbiologe, Neurobio-loge, Internist und Psychiater am Klinikum in Freiburg sagt: „Unser Denken und Fühlen steuert nicht nur die Aktivität von Genen, son-dern kann auch die körperlichen Strukturen des Gehirns verändern. Könnten wir einmal pro Jahr eine Reise in unser Gehirn machen … würden wir jedes Mal eine erheblich veränderte Landschaft entdecken." Auch Dean Ornish, Universitätsprofessor für klinische Medizin an der Universität von Kalifornien, legt sehr viel Macht in unsere Hände: „Wir konnten in zahlreichen Studien beweisen, dass der Verlauf selbst schwerwiegender Herzerkrankungen umgekehrt werden kann, wenn umfassende Änderungen im Lebensstil vorgenommen werden. Genau-so verhält es sich bei Prostatakrebs im frühen Stadium, Diabetes, Blut-hochdruck, erhöhtem Cholesterinspiegel, Arthritis und Depression. Denn wir konnten zeigen, dass sich die Gene ändern, wenn man seinen Lebensstil (dazu gehören Gedanken und Gefühle, Anm. der Autorin) ändert. Diejenigen Gene, die Krankheiten verhindern, werden einge-schaltet und diejenigen, die Krankheiten begünstigen, ausgeschaltet. Es wird sogar vermehrt ein Enzym produziert, das die Telomere ver-ändert. Das sind die Enden unserer Chromosomen, die den Alterungs-prozess kontrollieren. Dadurch verschiebt sich dieser Prozess."

Gefühle und Gedanken werden von **allen** Zellen wahrgenommen. Der Geist sitzt also nicht nur im Kopf, sondern wirkt im ganzen Kör-per. Der Satz „Ich habe ein komisches Gefühl im Bauch" hat also sei-ne ganz reale Berechtigung. Das bedeutet weiter: Was du denkst und fühlst, kann dich gesund oder krank machen. Oder es kann dafür sorgen, dass du vielleicht gar nicht krank wirst. Wenn du bisher über-wiegend pessimistisch warst, zwingt dich niemand in einer negativen Endlosschleife zu bleiben. Denn schließlich kannst du wählen, wie du auf die Ereignisse deines Lebens reagierst. Heute bist du Königin oder

König in deinem Dasein und kannst herausfinden, welche Überzeugungen für dich förderlich sind und welche nicht.

Mit diesen wissenschaftlichen Forschungsergebnissen im Hintergrund bekommt die Psyche endlich auch „offiziell" die enorme Bedeutung, die sie schon immer hatte. Und hier kommt die Selbstliebe ins Spiel. Du weißt nun, **wie** wichtig deine Einstellungen sind. Die winzigste Zelle deines Körpers reagiert auf positive oder negative Glaubenssätze. Wenn du denkst „Ich bin ein Opfer, ein Idiot, eine Versagerin, ein wertloses Geschöpf, habe keine Chance, werde nie glücklich sein, immer finanzielle Sorgen haben, finde nie einen Partner, kann das oder jenes niemals verzeihen" – wie kommt das wohl bei deinen Zellen an? Werden sie jubeln und Feste feiern oder sich vor Abwehr krümmen? Deine Zellen nehmen Information auf und geben sie weiter. Sollen sich diese Nachrichten über dich selbst tatsächlich in deinem ganzen Körper verbreiten?

Wie hört sich im Gegenzug das an:
- „Ich bin ein unendlich mächtiges Wesen und verfüge über das göttliche Erbe der Schöpferkraft."
- „Ich bin in der Lage zu erschaffen und mache ab sofort von meinem Geburtsrecht Gebrauch."
- „Ich bin eine Tochter, ein Sohn der Ewigkeit. Ein glitzerndes Liebeslicht, auf immer verbunden mit Gott. Im Moment spiele ich das Menschenspiel und mache hier verschiedene Erfahrungen. Aber zu jeder Sekunde weiß ich, wer ich wirklich bin."

Du bist Teil von Gott und damit **bist** du Liebe. Natürlich hast du als Hanna, Erika, Gerhard und Franzi einige Eigenschaften, die möglicherweise weit davon entfernt sind. Aber dein Kern, dein wahres Wesen, deine Seele ist Liebe. Wenn du solchen Gedanken nachhängst, hat das einen positiven Einfluss auf deine Gefühle und damit ändert sich die Chemie in deinem Körper ihn Richtung Ruhe und Ordnung. Die Zellen seufzen vor Erleichterung, dass sie nicht mehr Müll essen müssen, sondern sich an einem Gourmetmenü laben dürfen. Dafür bedanken sie sich mit sanftem Leuchten und einem tadellosen Funktionieren. Zum Einprägen: Die Funktionen deiner Zellen werden durch die Informationen gesteuert, die du ihnen über dein Denken und Fühlen vermittelst – **nicht** durch den genetischen Code.

100 Billionen Zellen reagieren auf unsere tiefen Überzeugungen. Sie sind immens klug, aber nicht so klug, dass sie zwischen „gut für uns" und „schlecht für uns" unterschieden können. Sie nehmen einfach die Energie auf, die den vorherrschenden Einstellungen entspricht. Verstehst du nun, wie wichtig es ist, dass du deine Glaubenssätze überprüfst? Alle, aber in erster Linie jene, die dir zeigen, was du über dich selbst denkst und fühlst. 250 Zellarten, von der verzweigten Nervenzelle bis zur runden Fettzelle, bekommen mit, ob du dich für einen Verlierer hältst oder ein wunderbares Wesen. Und unter dem Eindruck dieser entsprechenden Gedanken müssen sie dann ihre Arbeit tun – Nährstoffe umwandeln, Proteine herstellen, die Durchlässigkeit ihrer Membran regulieren und noch so dies und das. Sie werden ihre Jobs sicher besser erledigen, wenn du sie aufbaust, als wenn du sie fertigmachst. Außerdem weiß jede Zelle in jedem Augenblick, was die andere so macht. Das heißt, sie tratschen auch noch untereinander, und das schneller, als wir es uns vorstellen können.

Die Epigenetik beweist, dass es nicht egal ist, was du denkst und fühlst. Aber bitte mach trotzdem keinen Stress daraus. Ich weiß von mir, dass ich immer ganz verzweifelt war, wenn ich Gedanken der Hoffnungslosigkeit, Ohnmacht, Angst oder Wut empfand, **nachdem** ich von diesen Zusammenhängen erfahren hatte. Akzeptiere dein Denken und Fühlen – und dann mach etwas daraus. Jeder sogenannte negative Gedanke will dir etwas sagen, jedes dramatische Gefühl dich etwas lehren. Wenn du das herausgefunden hast, kannst du das entsprechende Gefühl wieder loslassen. Dann geht es nur durch dich durch und staut sich nicht auf.

Such dir Unterstützung, wenn du dich alleine überfordert fühlst. Aber quäl dich nicht mit der Vorstellung, was du deinen Zellen nun antust, wenn du es nicht schaffst, ununterbrochen positiv zu denken. Du bist auf dem Weg, dich selbst immer mehr zu lieben. Ich bin überzeugt, dass sie bereits diesen guten Willen honorieren.

# SELBSTLIEBE UND GESUNDHEIT

Für mich war Gesundheit immer **das** Lebensthema. Nach dem schweren Motorradunfall als junges Mädchen hatte sie sich einfach zurückgezogen. Ich machte die Erfahrung, dass ich mich auf meinen Körper nicht verlassen konnte, weil er mich so oft im Stich ließ. Er produzierte diese extrem belastenden Symptome wie Ohnmacht, Übelkeit, Schwindel, seltsame Schwächeanfälle, heftige Migräne, streckenweise unerträgliche Rückenschmerzen. Dazu kamen starke Neurodermitis, Schlaflosigkeit und Depressionen. Am allerschlimmsten waren die Panikattacken, die mich immer wieder dazu zwangen, den Radius meines Lebens auf die Wohnung zu beschränken. Ich wünschte mir nichts mehr, als ein „normales" Leben zu führen, und beneidete jeden, der gesund war. Da ich ab meinem 17. Lebensjahr fast immer irgendwie krank war, weckte das schon sehr früh mein Interesse am Thema Heilung. Ich machte unzählige Therapien, die anderen geholfen hatten, nur mir nicht. Also führte ich mein Leben so gut es mit den vielen Beeinträchtigungen eben ging. Dann „entdeckte" ich das Thema Selbstliebe. Plötzlich wusste ich mit unbestechlicher Klarheit, dass es für mich genau darum ging. Und ich begriff mit einem Mal, dass es meine Lebensaufgabe war, mich zu lieben. Nichts anderes würde mir Heilung bringen – kein Arzt, kein Therapeut, keine bestimmte Methode.

Ich stellte fest, dass ich mich eigentlich überhaupt nicht liebte. Um ehrlich zu sein, würde ich so weit gehen zu sagen, dass ich mich regelrecht hasste. Durch das ständige Unwohlsein konnte ich von Jugend an nicht alles mitmachen und war daher die Außenseiterin im Spiel des Lebens. So stand ich am Rande des Feldes und beobachtete traurig, neidvoll, verzweifelt oder wütend, wie die anderen Spaß hatten. Warum hätte ich mich also lieben sollen? Und dann begegnete ich diesem „Liebe dich selbst"-Gedankengut. Ich war elektrisiert, obwohl es noch viele Jahre dauern sollte, bis ich wirklich verstand. Aber der Anfang war gemacht. Ich konnte sehen, dass es kaum Menschen gibt, die sich selbst von Herzen lieben. So begann ich darüber zu schreiben, Vorträge und Seminare zu halten. Tief berührt erkannte ich, dass ich keineswegs alleine war. Es gab viele wie mich, die den Eindruck hatten, im Leben nicht „mitzuspielen", immer auf der Verliererseite zu sein oder ewig krank waren. Aber auch solche, die über eine wunderbare Gesundheit verfügten, litten an Minderwertigkeitskomplexen, Schuldgefühlen oder hielten sich auf irgendeine Weise für nicht „gut genug". Ich erhielt E-Mails und Briefe aus allen Ländern, in denen meine Bücher gelesen wurden. Es schien, als ob viele Menschen auf einem ähnlichen Weg waren.

Krankheit ist **immer** ein Hinweis darauf, dass du dich auf irgendeine Weise nicht liebst. Das gilt für einen Schnupfen ebenso wie für Krebs. Die Symptome wollen, dass du sie in dieser Weise interpretierst und herausfindest, was „Sich nicht lieben" in genau deinem Fall bedeutet. Hast du deine Grenzen missachtet, Gefühle unterdrückt, immer eine Rolle gespielt, Groll mit dir herumgetragen? Bist du in Beziehungen geblieben, in denen ein Klima von Kälte, Ignoranz oder Abwertung herrschte? Neigst du dazu, dich perfektionistisch extrem unter Druck zu setzen und dir keine Pause zu gönnen? Hast du deine Energie verloren, weil du andere zwanghaft kontrollierst? Waren die Bedürfnisse deiner Umwelt immer wichtiger als deine eigenen? Hattest du solche Angst vor einem Konflikt, dass du deine Meinung immer hinuntergeschluckt hast? Wirst du von deiner Familie unterstützt oder sind gerade im familiären Umfeld Kränkungen, Stress und Unfrieden an der Tagesordnung? Egal was du über dich erfährst: **Du bist kein hilfloses Opfer!** Du kannst ändern, was dich „krank" macht – körperlich oder psychisch. Als Kind warst du tatsächlich hilflos. Heute hast du alle Möglichkeiten – auch wenn du sie im Moment nicht siehst.

Ich möchte dir die Geschichte von Anita Moorjani erzählen, ihre Erfahrungen enthalten all das, was ich schon immer instinktiv für richtig hielt. Ihr Buch „Heilung im Licht" (Arkana, 2012) ist für mich der Beweis, dass wir unendlich mächtig sind, nie sterben können und unser Schicksal gestalten. Alles, was du über Krankheit, Gesundheit und Heilung wissen musst, erfährst du aus Anitas faszinierendem Bericht.

Im Jahre 2002 wurde bei Anita Lymphknotenkrebs diagnostiziert. Nachdem sie schreckliche Angst vor der Chemotherapie hatte, suchte sie auf alternativen Wegen Heilung. Vier Jahre später wurde sie sterbend ins Spital eingeliefert. Sie wog nur mehr 25 Kilo, ihr Körper war übersät mit zitronengroßen Tumoren und ihre Organe versagten. 24 Stunden lag sie im Koma und hatte dabei eine unglaublich spektakuläre Nahtoderfahrung. Während die Ärzte und ihre Angehörigen wussten, dass sie im Sterben lag, erfuhr Anita in dieser anderen Welt, dass sie **wählen** könnte, ob sie in dieses Leben zurückkehren wollte oder nicht. Es wurde ihr auch vermittelt, dass sie ihren Körper heilen könne, obwohl er in diesem erbärmlichen Zustand war. Und diese Heilung würde nur einige Tage in Anspruch nehmen. Zum ungeheuren Erstaunen der Ärzte begannen ihre Organe plötzlich wieder zu arbeiten, die Tumore bildeten sich binnen Stunden zurück und Anita wurde wieder völlig gesund. Bereits einen guten Monat später tanzte sie auf der Hochzeit einer Freundin.

Anita Moorjani wurde gegen alle Erkenntnisse der medizinischen Wissenschaft wieder vollkommen gesund. Und zwar binnen Tagen. Ärzte aus der ganzen Welt wollten sich diesen „Fall" näher anzusehen – kein einziger konnte eine Erklärung finden. Ich habe in meiner zwölfjährigen Tätigkeit an der Krebsstation auch niemals erlebt, dass ein Patient ein multiples Organversagen überlebt hat.

Anita Moorjani hat durch ihre Nahtoderfahrung Folgendes erkannt: „Ich kann gar nicht stark genug betonen, wie wichtig es ist, dass wir eine echte Liebesbeziehung mit uns selbst kultivieren. Ich begriff, dass **ich** zu sein, Liebe zu sein heißt. ... Liebe zu sein bedeutet, dass ich mir bewusst bin, meine eigene Seele zu nähren, meine Bedürfnisse ernst zu nehmen und mich nicht immer an die letzte Stelle zu setzen. Es bedeutet, mich mit absolutem Respekt, Freundlichkeit und Güte zu behandeln. … Die Erkenntnis, dass ich Liebe bin, war die wichtigste Lektion, die ich gelernt habe. Sie machte es mir möglich, mich von aller Angst zu befreien. Und das ist der Schlüssel, der mein Leben rettete."

Anita hat seit ihrer Nahtoderfahrung nicht das Gefühl, dass sie zurückgekehrt ist, um etwas zu erledigen, sondern nur, „um zu sein". Sich selbst wahrhaft zu lieben ist auch viel besser, als einen zwanghaften Optimismus an den Tag zu legen. Ob du einen schlechten Tag oder eine schlechte Woche hast, ist nicht so wichtig wie die Gefühle, die du in der Zeit für dich hast. Du kannst durch eine schwere Krise gehen und dich trotzdem lieben. Gerade darum geht es – auch in schwierigen Zeiten Vertrauen in den Prozess des Lebens zu haben. Achte darauf, dass du jeden Augenblick als neue Möglichkeit siehst.

Anita konnte ihren Körper heilen und kam zurück, um diese machtvolle Botschaft zu verbreiten: „Sei du selbst, lebe ohne Angst, freu dich des Lebens!" Nimm im Falle einer Krankheit jede ärztliche Hilfe in Anspruch, die dir nötig scheint. Aber vergiss diese Botschaft nicht!

# SELBSTLIEBE UND „RÜCKFÜHRUNGEN"

B ist du schon einmal auf die Idee gekommen, den Grund eines deiner Leiden in einem anderen Leben aufzuspüren? Vielleicht hältst
du davon ja gar nichts und findest das völlig absurd.

Möglicherweise bist du aber auch schon so verzweifelt, dass du
überlegst, diesen Weg zu gehen. Ich selbst habe das wegen meiner
schlimmen Panikattacken ein paarmal gemacht. Ich suchte überall
nach Gründen dafür, dass ich solche Qualen litt, und so landete ich
schließlich auch bei Medien und Rückführern. Von meinem Weltbild her glaube ich daran, dass wir nicht nur dieses eine Leben haben.
Und wenn das Gesetz von Ursache und Wirkung stimmt, dann kann
die Ursache für heutige Turbulenzen durchaus auch in einem sogenannten Vorleben liegen. Es heißt ja, dass es so etwas wie Zeit nicht
wirklich gibt. Das würde dann bedeuten, dass wir alle diese Leben im
Endeffekt gleichzeitig leben. Ich weiß nicht, wie es dir geht, aber ich
verstehe das nicht wirklich. Meine Meditationslehrerin Brigitta hat es
mir einmal versucht zu erklären. Sie lebt seit vielen Jahren in einem
indischen Kloster. Sie sagt, die Seele sei multidimensional. Das heißt,
ein Teil meiner Seele lebt jetzt hier als Sabine Standenat. Gleichzeitig
ist sie aber sehr umtriebig und auch noch an allen anderen möglichen
Orten unterwegs. Hier auf der Erde, auf einem anderen Planeten oder
in einer unbekannten Dimension. Es ist ein eigenartiges Gefühl, dass
einer meiner Seelenanteile womöglich auf Pandora lebt (würde mir

gefallen!) oder in einem Ufo das All durchkreuzt. Das geht eventuell noch in meinen Kopf. Aber wie erklärt sich diese Gleichzeitigkeit hier bei uns? Das Mittelalter ist definitiv vorbei. Dort, wo heute mein Haus steht, wogte vor langer Zeit ein Meer. Oder Urmenschen bevölkerten ihre Höhlen. Und wenn ich damals als fesche Höhlenfrau dem animalischen Höhlenmann schöne Augen machte, dann war das doch **vor** unserer Zeit. Logisch, oder? Brigitta bestand dennoch darauf, dass alles gleichzeitig stattfindet – Meer, Höhlenmann und mein Haus. Sie sagte: „Stell dir eine Kette von Glühlampen vor. Nur eine leuchtet und auf diese richtest du deine Aufmerksamkeit. Das bedeutet nicht, dass die anderen Lampen nicht da sind. Du nimmst sie nur nicht wahr. Verstehst du?" Ich nickte zögernd. Aber Lampen hin und her – wie soll das gehen, dass Höhle, Meer und Haus gleichzeitig an einem Ort existieren? Ich habe mich schlussendlich damit abgefunden, dass ich eben nicht alles verstehe.

Nach einigen Erfahrungen mit Reinkarnationstherapien beschloss ich, es bleiben zu lassen. Dann begegnete ich der Biologin Rita – einer zarten Frau ohne Alter, die mich im ersten Moment heftig an Doris Day erinnerte. Wir waren beide Teilnehmerinnen einer spirituellen Gruppe, die Univ.--Prof. Dr. Raimund Jakesz, der engagierte Leiter der Chirurgie im Allgemeinen Krankenhaus in Wien, ins Leben gerufen hatte. Dort haben alle Interessierten, die im weitesten Sinne therapeutisch tätig sind, die Möglichkeit, sich auszutauschen. Ich erfuhr, dass sie seit vielen Jahren unter anderem Rückführungen anbietet. Ich hörte ihr interessiert zu und plötzlich verspürte ich den Impuls, einen Termin auszumachen. Nach einem kurzen Vorgespräch lag ich auf dem Sofa und schloss die Augen. Ritas Stimme führte mich durch eine Entspannungsphase und danach fand ich mich als völlig andere Person wieder. Das geschah mittlerweile einige Mal, aber ich möchte ein Beispiel schildern, das mich besonders aufgewühlt hat.

Seit jeher hatte mich das Schicksal der schwarzen Sklaven berührt. Bereits als Kind war ich nach der Lektüre von „Onkel Toms Hütte" in Tränen aufgelöst. Später sah ich „Fackeln im Sturm" und war dabei so aufgeregt, dass ich am ganzen Körper zitterte. „Die Farbe Lila" musste ohne mich zu Ende gehen, weil ich es nicht aushielt, weiter zuzusehen. Das Ausgeliefertsein dieser Menschen und die unglaubliche Grausamkeit, mit der sie behandelt wurden, waren unerträglich für mich. In dieser besonderen Rückführung erlebte ich mich als Tochter eines Plantagenbesitzers in den Südstaaten von Amerika. Ich hatte – selbstverständlich verbotenerweise – eine Liebesbeziehung mit einem der Sklaven meines Vaters. Dieser kam dahinter und befahl, meinen Geliebten langsam zu Tode zu foltern. Meine Strafe war, dass ich dabei sein musste. Ich sah meinen Geliebten unter furchtbaren Qualen sterben und konnte ihm nicht helfen. Mir war zu jedem Zeitpunkt bewusst, dass ich bei Rita auf der Couch lag, aber gleichzeitig war ich auch in der Szene von damals. Der Schmerz kam hoch und zerriss mich fast. Dann fragte Rita mit sanfter Stimme, ob einer der Beteiligten auch heute in meinem Leben präsent ist. Und wie aus der Pistole geschossen antwortete ich: „Mein damaliger Vater ist heute mein Bruder." Endlich konnte ich Teile des Verhältnisses zu meinem jüngeren (!) Bruder Peter besser verstehen. Ich wollte immer, dass er mich mehr liebt, als er das meiner Meinung nach tat. Er war oft unfreundlich zu mir, manchmal ungerecht und ich lief seiner Liebe nach. Ich empfand ihn als hart und grausam, was fast ein Angstgefühl in mir auslöste. Natürlich konnte ich das nicht wirklich verstehen. Ich bin es gewohnt, meine Gefühle zu hinterfragen, und stellte erstaunt fest, dass ich zu keinem Ergebnis kam. Falls sich die Ereignisse nun tatsächlich so zugetragen haben wie in meiner Rückführung, dann erklärt sich die Situation – sowohl seine Ablehnung als auch meine Angst.

Es kommt sehr oft vor, dass Menschen, die heute in unserem Leben eine Rolle spielen, das auch in anderen Leben taten. Rita hat nun eine spezielle Methode entwickelt, die Seelen aller Beteiligten in einen sogenannten Heilkreis zu versammeln und sie zu bitten, sich auszusöhnen.

Was hat nun eine Rückführung mit Selbstliebe zu tun? Es ist eine Tatsache, dass ein Trauma nicht nur unsere Lebensqualität beeinträchtigt, sondern auch Krankheiten verursachen kann. Der Sinn dieses „Zurückgehens" liegt also darin, erlittene Schocks aufzulösen. Alles, was dich psychisch befreit, entlastet auch den Körper. Darum hat jede Methode ihre Berechtigung, die dazu führt. Und Rita verfügt über viele Berichte von Menschen, denen auf diese Art geholfen wurde.

Ich ging auf jeden Fall ruhig und erleichtert nach Hause. Es hat mir immer schon geholfen zu verstehen, **warum** etwas so ist, wie es ist. Und diese Vater-Bruder-Sache fühlte sich für mich einfach richtig an. Das Verhältnis zu Peter ist seither deutlich besser geworden, was für uns beide schön ist.

Ich habe mir die Frage gestellt, ob ich mir das alles vielleicht nur eingebildet habe. Meine Phantasie ist extrem gut ausgeprägt und ich traue mir prinzipiell zu, eine Geschichte aus dem Stegreif zu erfinden. Aber das erklärt nicht, dass ich gefühlsmäßig so extrem stark reagiert habe. Die Szene war unglaublich real und der Schmerz fast unerträglich. Hätte ich so empfunden, wenn ich mir nur etwas ausdenke? Natürlich gibt es keinen „Beweis", dass sich diese Ereignisse einmal so abgespielt haben. Aber eigentlich ist es auch egal. Wenn es mir nachher besser geht als vorher, ist das genug.

Vielleicht möchtest du diesen Weg einmal versuchen, möglicherweise aber auch nicht. Spüre einfach in dich hinein, was dir helfen könnte, dein Leid zu lindern. **Das** bedeutet es, sich selbst zu lieben.

# SELBSTLIEBE UND WUNDER

Was ist für dich ein Wunder? Für mich sind das Heilungen, die es nach heutigem medizinischen Wissensstand nicht geben dürfte, Hilfe, die völlig unerwartet kommt, Nahtoderfahrungen, der menschliche Körper, die Natur und spirituelle Erlebnisse. Damit meine ich Erfahrungen, die „außergewöhnlich" sind: Kontakt mit einem Verstorbenen, eine Gotteserfahrung, was auch immer man darunter versteht, oder wenn jemand willentlich seinen Körper verlassen kann. Und dann natürlich ein Erleuchtungserlebnis wie es zum Beispiel der Bestsellerautor und spirituelle Lehrer Eckhart Tolle hatte. Eckhart wurde sein Leben lang von fast ununterbrochenen Angstgefühlen und schweren Depressionen geplagt. Er schreibt in seinem Buch „Jetzt!" (Kamphausen, 2012), dass er eines Nachts – bereits völlig verzweifelt und todessehnsüchtig – plötzlich spürte, wie er in eine Art Energiewirbel hineingezogen wurde. Ihn ergriff heftige Angst. Dann hörte er eine innere Stimme, die sagte: „Wehre dich nicht." Er ließ sich fallen und danach erinnerte er sich an nichts mehr. Als er erwachte, befand er sich in einem absoluten Zustand der Glückseligkeit und tiefen Friedens. Er schrieb: „Der Leidensdruck jener Nacht hatte mein Bewusstsein wohl dazu gezwungen, sich aus der Identifikation mit dem zutiefst ängstlichen Selbst zu lösen … Was zurückblieb, war meine wahre Natur … reines Bewusstsein."

Das freut mich natürlich für Eckhart. Und er ist nicht der Einzige mit solchen Erfahrungen. Da gibt es Leute, denen erscheinen Engel, der eigene Großvater oder Jesus Christus. Sie finden sich wie Byron

Katie, die „Erfinderin" der Therapiemethode „The Work", eines Morgens auf dem Boden des Badezimmers und sind erleuchtet. Andere führen über Jahrzehnte Dialoge mit Gott wie mein Lieblingsautor Neale D. Walsch. Was haben die bloß alle, was ich nicht habe? Ich wünschte mir immer, so etwas Außergewöhnliches zu erleben. Für mich sind solche Erlebnisse „Beweise" für all das, was ich glaube, aber in schlimmen Stunden auch immer wieder bezweifelte. Alle, die ungewöhnliche Erlebnisse dieser Art hatten, berichten, dass ihr Leben danach völlig anders weiterging. Sie hatten keine Angst mehr und konnten jeden Augenblick genießen. Das wollte ich auch!

Und dann erlebte ich in einer extrem schlimmen Lebensphase selbst etwas Unglaubliches, das ich bis heute als Wunder bezeichne.

Nach all den Jahren hatte „es" mich wieder eingeholt. Ich durchlebte eine intensive Zeit – viele Klienten, Seminare, meine Autorentätigkeit. Ich spürte, dass es zu viel war und dass ich dringend Ruhe brauchte. Mir fiel auf, dass plötzlich alles nur mehr ein „Müssen" war, ich fühlte mich übermäßig erschöpft und Anflüge von Angstattacken meldeten sich. Und dann explodierten die Ereignisse. Ich wachte eines Morgens auf und mein Kopf war überflutet von Panik, wie ich sie aus meinen schlimmsten Zeiten kannte. So begann das, was ich rückblickend „die Phase" nenne. Es war das neuerliche Eintauchen in ein Grauen, das ich schon lange bewältigt glaubte. Für lange Wochen gab es wieder einmal nur mehr mich und die Angst. Kaum war sie durch Medikamente gedämpft, stürzte sie sich mit ihren vielen Symptomen erneut auf mich. Sie nahm mir den Atem, würgte mich, verursachte heftigen Brechreiz und ließ mich vollkommen geschwächt zurück. Inmitten der ganzen Hölle gab es an einem bestimmten Morgen wieder diesen besonderen Zustand zwischen Schlafen und Wachen. Ich hörte die nun schon bekannte innere Stimme, die fragte: „Bist du bereit, jetzt zu sterben?" Und zu meinem allergrößten Erstaunen sagte ich aus tiefstem Herzen: „Ja, das bin ich." Und ich meinte es vollkommen ernst. Ich, die ich als Kind keinen Friedhof besuchen konnte und später nicht in der Lage war, zum Begräbnis meines Vaters zu gehen. Ich, für die das Thema Tod immer **die** Herausforderung darstellte, war bereit zu gehen

– zu Daddy, zu meiner Freundin Claudia, zu den Großeltern, ein paar Freunden, die schon dort waren, zu meinen geliebten Hunden und zu Gott. Die Tränen rannen mir über die Wangen, aber da war kein Widerstand, kein Aufbegehren, nur tiefes Einverständnis. Fast unmittelbar machte sich eine unglaubliche Entlastung breit. In der gleichen Sekunde lockerte sich der starre Ring um meine Brust, der schreckliche Druck am Solarplexus ließ nach und ich empfand zum ersten Mal in diesen schrecklichen Wochen tiefen Frieden.

Ich bin bis heute überzeugt, dass dieses Erlebnis eine Wende in meinem Leben bewirkte. Meine Reaktion auf die Frage der Stimme war so ungewöhnlich, dass ich das Ganze keine Sekunde als Einbildung abtat. Da fiel mir ein, dass mir schon einmal jemand erzählt hatte, dass er genau diese Frage vernommen hatte. Für mein Buch „Wie Heilung geschieht" habe ich Menschen befragt, die unheilbar erkrankt waren und auf ungewöhnliche Weise gesund wurden. So traf ich den Niederösterreicher Alfred Ofner, der an der äußerst schmerzhaften Erkrankung Morbus Sudeck litt. Seine Finger waren extrem geschwollen, die Knochen verkrümmt und er musste seinen Beruf als Feuerwehrhauptmann aufgeben. Er konnte alleine keine Alltagsverrichtungen vornehmen und die tägliche Einnahme von elf Schmerzmitteln hatte sein Leben komplett verändert. Er fuhr nach Medjugorje, um für seine an Krebs erkrankte Schwester zu beten. Als er in der Kirche stand, hörte er plötzlich genau die gleiche Frage: „Bist du bereit, jetzt zu sterben?" Er dachte, dass es für einen gläubigen Menschen keinen besseren Platz als diesen Wallfahrtsort geben konnte, und antwortete: „Ja, das bin ich." In diesem Moment wurde ihm totenübel, er brach zusammen und dachte, dass sein Ende gekommen sei. Als er wieder zu sich kam, sah er zu seinem Erstaunen, wie seine entstellten Finger wieder zu ihrer normalen Form zurückfanden. Von dem Augenblick an konnte er die Hände wieder benutzen, die Schmerzen verschwanden, und das ist bis heute so geblieben. Seine Geschichte wurde auch von Ärzten dokumentiert. Alfred Ofner war so berührt, dass er nicht in seinen Beruf zurückkehrte, sondern sich in der Folge zum Krankenhausseelsorger ausbilden ließ.

Als mir klar wurde, dass ich das Gleiche gefragt wurde, lief mir eine Gänsehaut über den Rücken. Geht es darum, wenn die Sufis sagen: „Stirb, bevor du stirbst"? Wenn ich wirklich bereit war jederzeit zu sterben – wovor sollte ich mich noch fürchten? Das bedeutet absolut nicht, dass ich jetzt sterben will, aber ich könnte. Ich hatte auch vor diesem Erlebnis schon einige Male den Gedanken gehabt, dass Gehen die einzige Lösung ist. Ich war zutiefst erschöpft von den Panikzuständen, den unzähligen körperlichen Beschwerden und einem Leben, das dadurch so ungeheuer belastet war. Aber dieses Sterben-Wollen war gekennzeichnet von Angst, tiefster Verzweiflung und Resignation. Ich weinte bittere Tränen, weil ich dachte, was dann wohl aus meinem Hund werden würde, dem einzigen Wesen, das mich meiner Meinung nach wirklich brauchte. Aber diese Mal war es anders. Ich war voll tiefem Vertrauen, dass sich alles zum Besten fügen würde.

Ich fragte mich in der Folge oft, ob diese furchtbare Krise ausgebrochen war, damit dieses Erlebnis stattfinden konnte. Musste ich zuerst „zerbrochen" werden, damit ich reif für so eine Erfahrung war? Das Leben hat für mich seither eine andere Bedeutung. Ich freue mich über Kleinigkeiten, bin allgemein ruhiger und für all das Gute in meinem Leben dankbar. Wobei ich „das Gute" auch neu definiert habe. Das muss absolut nichts Besonderes sein, sondern findet sich in Dingen wie: Ich atme, ich kann gehen (wobei auch das mit vier Bandscheibenvorfällen oft schmerzhaft ist), ich sehe, ich höre, ich habe eine Wohnung, fahre einen uralten, lustigen Jeep. **Ich lebe!** Wenn ich heute körperliche Beschwerden habe oder fühle, wie die Angst hochsteigt, frage ich mich sofort: „Bin ich bereit zu sterben?" Manchmal bin ich dann traurig, weil ich Moment nicht gehen möchte, aber es endet immer mit einem „Ja". Seien wir ehrlich – niemand weiß, wann ihm die Stunde schlägt. Es kann tatsächlich jede Sekunde so weit sein. Dann bin ich bis dahin lieber fröhlich und zuversichtlich.

Interessanterweise liebe ich mich seit diesem Erlebnis auch um vieles mehr. Ich bewundere mich zutiefst für die Erfahrungen, die ich überlebt habe, und dafür, nicht verbittert zu sein. Immer wieder bin ich aufgestanden und habe nicht aufgegeben. Heute finde ich mich dafür toll!

Ich bin überzeugt, dass auch du deine persönliche Hölle durchschritten hast. Einmal oder immer wieder. Und auch du bist noch da. Betrachte dich nicht als Versager, sondern mit Hochachtung und Wärme. Du und ich – wir sind Überlebende. Wir haben Hürden gemeistert, an denen andere vielleicht gescheitert wären. **Das** ist schon ein Wunder. Aber wenn du so wie ich noch ein anderes brauchst – dann sei sicher, dass es geschieht. Wunder kommen auf viele Arten in unser Leben. Bitte deine Seele, dass sie das für dich erledigt, und sei nicht enttäuscht, wenn sie nicht sofort reagiert. Du weißt ja nun schon, dass im Land der Seele eigene „Zeitbegriffe" gelten.

# SELBSTLIEBE UND KRAFT FINDEN

Wenn du dich so richtig von Herzen liebst, dann wird dein Bedürfnis immer größer, deinem Geist und deinem Körper Ruhe zu verschaffen. Das Leben ist nun mal nicht immer spannungsfrei. Ich mag den Spruch: „Wenn eine Sache nicht ernst ist, ist es nicht nötig, die Ruhe zu verlieren. Und wenn sie ernst ist, kannst du dir nicht leisten, sie zu verlieren." (frei nach Ghandi)

Es ist extrem wichtig ist, dass du **deinen** Weg findest, dich zu entspannen. Und wenn du ihn gefunden hast, dann geh ihn bitte auch! Ich habe erst in einer meiner schlimmsten Krisen begonnen, konsequent „an meiner Ruhe zu arbeiten". Das ist dann viel schwieriger, als rechtzeitig damit anzufangen. Falls es dir gelingt, trotz äußerer Turbulenzen in deiner Mitte zu bleiben, hast du schon gewonnen. Epigenetik und Quantenphysik sagen: Wir gestalten kraft der Gedanken und Gefühle unsere Wirklichkeit. Da ist es doch viel besser, wenn diese in Balance sind und nicht wie wildgewordene Affen herumhüpfen. Klarerweise werden sich besagte Affen immer wieder chaotisch von Hirnwindung zu Hirnwindung schwingen. Du wirst wütend, gekränkt, böse, hasserfüllt, ängstlich, panisch, hoffnungslos, verzweifelt, neidig, missgünstig, eifersüchtig oder was auch immer sein. Denn du bist ein Mensch. Aber wenn du weißt, wie du die Äffchen beruhigen kannst, wird dieser Zustand nicht so lange andauern. Dann sind solche Empfindungen Durchgangsposten und richten keinen Schaden in Psyche und Körper an.

Ich möchte hier einige Methoden auflisten, die mir immer wieder geholfen haben.

## Bau dir ein Hausboot für die Fahrt auf dem Fluss des Lebens

Ich bin fest davon überzeugt, dass meine Seele weiß, wohin die Fahrt geht. Sie ist der weise Teil in mir, der die Erfahrungen kennt, zu denen ich mich entschlossen habe. Ich als Sabine habe nicht den Überblick über den Verlauf der Fahrt. Ich habe daher beschlossen, mir in meiner Phantasie ein Boot zu erschaffen. Als besondere Attraktion habe ich ein Dach konstruiert, das auf Wunsch durchsichtig ist, damit ich Sonne, Regen und Schnee genießen kann. Rund um die Reling wachsen meine geliebten Rosen. Das kleine Gioia-Monster hat auch genug Platz. So, ihr Lieben, das ist mein Rosenboot für die Fahrt, die wir Leben nennen. Ich rühre das Steuer nur dann an, wenn es um pragmatische Entscheidungen geht. Soll ich Sport machen, arbeiten oder ruhen? Roter Pulli oder schwarzer? Ausgehen oder daheim bleiben? Das ist meiner Seele in der Regel egal und dann lässt sie mich herumkurven. Aber wenn es aber um „große" Dinge geht, habe ich mich entschlossen, nur mehr sie steuern zu lassen. Letztlich geschieht ohnedies, was sie will. Soll ich mich also mit ihr um die Lenkung streiten? Es hat natürlich lange gedauert, bis ich verstanden habe, wie das läuft. Die Seele weiß immer, was sie tut, und es ist wesentlich unaufwendiger für mich, wenn ich sie unterstütze. Das bedeutet: Blockaden in Form von hemmenden Programmen wegräumen, beharrlichen Widerstand aufgeben, das Hier und Jetzt akzeptieren, **loslassen** und ihr vertrauen. Wenn ich mich also in einer krisenhaften Situation befinde, frage ich mich immer, was zum Teufel sie sich da wieder hat einfallen lassen. Meine Finger verweigern fast das Tippen, aber es ist und bleibt nun mal die Wahrheit: **Jede Krise will uns etwas von dem beibringen, was wir bis jetzt nicht verstanden haben.** Jeder von uns befindet sich auf seinem Lebensfluss. Du entscheidest nun, ob du die Fahrt widerwillig machst, von Ästen mitgeschleift wirst, immer wieder mit dem Kopf unter Wasser gerätst und wegen der nassen Kleider fast untergehst. Auch wenn du dich noch so sehr irgendwo anklammerst – der Fluss fließt. Und ich habe mich entschieden, das zu akzeptieren. Also versuche ich, so gut es geht, zu entspannen. Denn schließlich arbeite ich (Sabine) an einer Lektion, die ich mir selbst (als Seele) erteile.

### Leg dich auf die Erde und stell dir vor, wie gesunde, starke Wurzeln aus deinem Körper tief ins Erdreich wachsen

Ich liege auf meinem Teppich und sage laut: „Durch diese Wurzeln fließt ständig Kraft. Die Erde trägt mich." Dann fühle ich, wie aus dem Zentrum unseres Planeten Stärke aufsteigt, die schon seit Millionen Jahren für jeden von uns verfügbar ist.

### Stell dir vor, wie goldenes Licht dich umflutet, durchflutet und in alle deine Organe fließt

Ich spreche dazu folgenden Text: „Das heilende goldene Licht kommt direkt von Gott und löscht auf sanfte Weise alle Prägungen von Schmerz, Angst und Traumata in meinem Körper und in meinem Geist. Das goldene Licht heilt alles, was der Heilung bedarf. Es füllt jede einzelne Zelle mit frischer heller Energie und macht mich ruhig und gelassen."

### In allen Weisheitslehren heißt es, dass Gott uns erschaffen hat und sich in jedem von uns ein göttlicher Anteil findet

Ich stelle mir nun immer Folgendes vor: Ich bin eine Tochter Gottes. Das heißt, ich verfüge über ein ganz ordentliches Erbe, denn durch diese großartige Verwandtschaft hab ich die Fähigkeit der Schöpferkraft und des Heilens. Ich sage also: „Ich manifestiere vollkommene Gesundheit von Körper und Geist, stabiles Wohlbefinden, Lebensfreude, Stärke, gelebte Liebe, erfüllende Sexualität, Wärme, Spaß, Lachen, Erfolg als Mensch, als Frau, als Psychologin und Autorin, mehr Geld, als ich in diesem Leben ausgeben kann." Dann füge ich noch hinzu: „Und eine schlanke, durchtrainierte Figur." Wenn ich schon beim Erschaffen bin, kann ich mich ja auch diesbezüglich glücklich machen. Hast du im Übrigen ein Problem damit, dir viel Geld zu wünschen? Ich sehe immer wieder in den Kursen oder Einzelstunden, dass das Thema „Geld" für manche Menschen nahezu unanständig ist. Fast so, als würde man den Teufel einladen. In diesem Leben brauchen wir Geld und es kann unser Dasein durchaus angenehm gestalten. Das ist in Ordnung! Wenn du dich selbst liebst, wirst du das genauso sehen. Ich stelle mir vor, dass ich ein Magnet für Geld bin. Von überall her kommen die Euroscheine geflogen und kleben regelrecht an mir. Gönn dir auch finanzielle Unbeschwertheit. Schließlich hast du dann die Möglichkeit, dir und anderen Freude zu machen oder auch zu helfen. Armut und Geldprobleme machen aus dir keinen besseren Menschen. Also erschaffe munter auch Badewannen voller Geld. Manchmal werden Sehsüchte nicht wahr – wir alle kennen das. Dann fahr einfach weiter, genieß die Landschaft und sei gewiss, dass du als Seele es genauso beschlossen hast.

### Nimm dir deinen Platz!

Wenn du dich ausgeliefert oder ohnmächtig fühlst, sag dir innerlich oder laut: „Ich habe das Recht hier zu sein. Ich nehmen meinen Platz in Anspruch!"

### „Gesundes Gedankenfutter"

Sammle Sprüche, Texte oder Artikel, die dir Mut machen. Beschäftige dich mit Geschichten von Menschen, die ein schweres Schicksal haben und trotzdem unendlich positiv sind. Sieh dir zum Beispiel Videos des Motivationstrainers Nick Vujicic an, der ohne Arme und Beine geboren wurde. Oder lausche den Ausführungen von Anita Moorjani, über deren unglaubliche Heilung von Krebs im letzten Stadium ich schon berichtet habe.

## Selbstbefriedigung

Tu es einfach! Das löst keine Probleme, aber momentane Spannungen. Natürlich kannst du auch Sex als Kraftquelle nutzen, aber der ist nicht immer verfügbar oder manchmal nicht unproblematisch.

### Fingerhalten aus dem Jin Shin Jyutsu

Wenn du Angst bekommst, halte mit der einen Hand den Zeigefinger der anderen und wechsle dann.

### Atme ein und bilde beim Ausatmen mit den Lippen einen Widerstand

Zähle dabei bis zehn und versuche dich mit der Zeit zu steigern.

### Hilfreiche Sätze

Wenn du einer Herausforderung gegenüberstehst, ist es gut, wenn du aufbauende Gedanken zur Verfügung hast: „Ist ja spannend! Was werde ich jetzt tun?", „Ich zerbreche mir grundsätzlich nur den heutigen oder morgigen Kopf. Nicht den von übermorgen!", „Ich bin die Veränderung, die ich mir in der Welt wünsche". (nach Gandhi)

### Weinen

Ein Tränenausbruch kann Spannungen lösen und plötzlich wirst du ruhiger.

# NACHWORT

Ich freue mich, dass wir ein Stück des Weges gemeinsam gegangen sind. Lass mich an **deinen** Erfahrungen teilhaben, wenn du magst. Ich freue mich über Feedback! www.standenat.at

Bis bald vielleicht!

*Deine*
*Sabine Standenat*

# ANHANG

# INTERVIEWS

*Prim. Dr. Marcus Franz, M.Sc., ärztlicher Direktor des Hartmann-spitals in Wien, Vorstand der internen Abteilung, Facharzt für innere Medizin in eigener Praxis*

**Die Wissenschaft der Epigenetik hat bewiesen, dass Gedanken und Gefühle bis in die kleinste Zelle wirken. Damit bekommt unsere Psyche einen zentralen Platz. Was bedeutet diese Erkenntnis für jeden von uns?**

„Alles, was wir denken, tun und fühlen, hat definitiv Auswirkungen auf den intrazellulären und molekularen Bereich. Wenn wir die Seele als Steuerorgan und wesentliches Kennzeichen des Menschen ansehen, dann bestimmt diese Seele – wo immer sie auch sitzt – somit über unsere gesamte Biologie maßgeblich mit. Jede Aufregung, jede Freude, jeder Ärger, alles hinterlässt Spuren bis hinein in den zellulären Apparat und dieser ist somit auch durch unser Bewusstsein beeinflussbar. Man ist immer schon davon ausgegangen, dass auch die Umgebung eine prägende Rolle bei der Entwicklung spielt, aber die Beweise haben gefehlt. Gerade durch die Genetik wurde ja die Annahme, dass das Leben durch die Gene sehr vorherbestimmt verläuft, stark untermauert. Man hat lange Zeit geglaubt, der Charakter, die persönlichen Stärken und Schwächen und der gesamte Lebenslauf seien durch die genetischen Vorgaben sozusagen unentrinnbar vorgegeben. Durch die Epigenetik wissen wir aber jetzt, dass dies nur zum Teil stimmt und wir sehr viel über äußere Faktoren steuern können. So zeigen Studien, dass Fakire in der Lage sind, willentlich ihre Herzfrequenz drastisch zu senken, stundenlanges Lebendig-begraben-Sein aushalten oder über Monate nur von sieben Erbsen täglich leben können. In unseren Breiten sind ebenfalls solche Beispiele zu finden: Das autogene Training oder diverse Motivationstechniken sind vielleicht nicht so spektakulär wie die Fakir-Geschichte, aber sie wirken über ähnliche Mechanismen. Autosuggestion und der Placebo-Effekt gehören im weiteren Sinne ebenfalls zu dem Phänomen ‚Macht des Geistes über den Körper‘.“

## Wie kann es sein, dass Denken und Fühlen den Körper dermaßen beeinflussen?

„Denken und Fühlen sind grundsätzlich biologische Phänomene, die ineinander übergehen und sich gegenseitig beeinflussen. Vernunft, Verstand und Emotionalität kann man nicht wirklich trennen, sie finden in den Nervengeflechten des Körpers statt. Wie und wo genau die Seele aber agiert, ist heute noch völlig unklar. Letztendlich stehen wir vor einem Satz aus dem berühmten Hobel-Lied: ‚ … am End‘ weiß keiner nix …‘

Mediziner und Neuro-Wissenschaftler, die an die Existenz einer Seele glauben, nehmen jedenfalls an, dass das Gehirn nur das Vehikel der Psyche ist und diese sich über Effekte des Körpers zeigt: Weinen, Lachen, Depressionen, Euphorie, Geistesblitze, dumpfes Brüten. Hinter allen diesen Erscheinungen stehen hochkomplexe biologische Abläufe. Aber eben nicht **nur** biologische Abläufe.“

## Unter diesem Aspekt ist es noch wichtiger, wie wir mit uns umgehen. Kann die Liebe zu sich selbst also auch dabei helfen, wieder gesund zu werden oder es zu bleiben?

„Wer sich selbst nicht liebt, wird sich wahrscheinlich von seinen Neurosen nicht lösen können. Wir kennen ja den Satz: Du sollst deinen

Nächsten lieben wie dich selbst. Das wird immer wieder missverstanden. Nächstenliebe beginnt mit der Selbstliebe. Jeder und jede muss zuallererst zu sich finden und sich selbst schätzen und achten, sonst ist kein gesundes und soziales Dasein möglich. Wer sich selbst nicht mag, wird auch an sich selbst scheitern. Selbsthass oder mangelnder Selbstwert können den Boden für schwere Erkrankungen bereiten. Wir wissen auch, dass Menschen, die sich mögen, in schweren Situationen besser zurechtkommen. Wenn also jemand, der mit sich im Reinen ist, erkrankt, hat er die besseren Karten, wieder gesund zu werden. Er wird seine Krankheit annehmen und daher positiver mit ihr umgehen. Damit sind die Heilungschancen viel größer. Das gilt gerade für bösartige Erkrankungen. Denn diese sind sehr oft mit Schuldgefühlen oder Unzulänglichkeitsgefühlen verbunden, weil ja die Krankheit aus einem selber kommt. Wer sich und seinen Körper akzeptiert, wird sich auf dem Heilungsweg leichter tun."

**Was raten Sie Menschen, die gerade dabei sind, mit der Selbstliebe zu beginnen?**

„Die große Kunst ist es, Dinge, die man nicht ändern kann, anzunehmen. Das gilt auch für den Körper, sonst wird man früher oder später unglücklich. Da hilft der beste plastische Chirurg nichts. Wer sich nicht liebt, wird eventuell auch nach der 25. Schönheitsoperation noch Ängste und Depressionen haben. Wir leben in einer Zeit, die sehr strikte ästhetische Vorgaben macht. Es wird daher für den Einzelnen immer schwerer, dem gängigen Schönheitsideal zu entsprechen. Mein Rat: Versuchen Sie äußere Zwänge und Oberflächlichkeiten zu erkennen und wieder zu den innerer Werten zurückzukehren. Es gibt halt nur eine Paris Hilton und einen George Clooney. Es wird daher nicht jedem gelingen, „Hollywood-Reife" zu erlangen. Aber mit Selbstliebe können Sie das Beste aus **sich** machen."

**Sie haben sich auch mit der Quantenphysik auseinandergesetzt. Eine der faszinierendsten Aussagen ist, dass wir unser Schicksal wählen können. Sind wir tatsächlich so mächtig?**

„Zweifellos gibt es vielversprechende Ansätze und auch neue Optionen, die dem bisherigen schulmedizinischen Denken wirklich eine andere Dimension eröffnen. Aber natürlich sollen auch keine falschen Hoffnungen geweckt werden. Mit absoluter Sicherheit können wir allerdings viel mehr bewirken, als uns bisher bewusst war. Die Macht des Geistes und der Seele sind ja potenziell unendlich."

**Haben Sie persönlich die Erkenntnisse der modernen Wissenschaft in Ihr Leben integriert?**

„Ja. Ich lebe als Schulmediziner täglich mit der modernen Wissenschaft, die letztlich immer Chemie und Physik ist. Ich lebe aber auch mit dem Glauben und somit mit der Metaphysik. Das sind keine Gegensätze, wie viele behaupten. Und ich bin überzeugt, dass jeder, der ehrlich über das Leben nachdenkt, letztlich zu ähnlichen Ergebnissen kommen wird."

*Prof. Mag. Margarita Zinterhof, Biologin, abgeschlossenes Studium für Lebens- und Wirtschaftskunde, Leiterin der Akademie für Intuitionswissenschaft, Mentaltrainerin, Intuitions- und Bewusstseinstrainerin, Präsidentin des Vereins zur Förderung der emotionalen und mentalen Gesundheit, Tattendorf, Niederösterreich*

**Sie haben das naturwissenschaftliche Studium der Biologie absolviert. Seit 25 Jahren helfen Sie aber nun Menschen bei der Bewältigung ihrer Leidenszustände. Wie kam es dazu?**

„Ich habe 20 Jahre lang Biologie, Physik und Chemie unterrichtet. Ein besonderes Erlebnis brachte die Entscheidung, den Lehrberuf aufzugeben und mich nur mehr der Unterstützung von Menschen in psychischer oder körperlicher Not zu widmen: Ich hatte schlimme Bauchschmerzen, die trotz verordneter Medikamente einfach nicht besser wurden. So suchte ich ein Spital auf, wurde aber mit der Bemerkung, noch einen Tag abzuwarten, wieder nach Hause geschickt. Als ich gerade zu meinem Mann ins Auto steigen wollte, hörte ich eine innere Stimme, die sagte: ‚Dreh um, sonst ist es zu spät!' So ging ich ins Spital zurück und bat um einen Blutbefund, der zeigte, dass eine Operation nötig sei. Dabei stellte sich heraus, dass es sich um einen Blinddarmdurchbruch und eine Bauchfellentzündung handelte. Ich wurde sofort operiert. Der Arzt sagte mir später, es sei meine Rettung gewesen, dass ich noch einmal zurückgegangen bin. Wäre ich nach Hause gefahren, hätte das meinen sicheren Tod bedeutet. Während der Narkose sah ich den berühmten Tunnel und das goldene Licht. Es war unbeschreiblich schön und ich wollte nur weitergehen. Aber dann spürte ich, dass es noch nicht Zeit war. In diesem Tunnel fühlte ich, dass es noch Aufgaben für mich gibt und entschied mich zurückzukehren. Seither lebe ich viel achtsamer und dankbarer.

Obwohl man mir gesagt hatte, dass ich drei Wochen im Spital bleiben müsste, war ich binnen einer Woche wieder daheim. Dank meiner Methoden, die ich zum Energieaufbau entwickelt hatte, erholte ich mich zum Erstaunen der Ärzte so rasch, dass ich entlassen werden konnte.

Ich weiß nun, dass ich mich immer auf meine innere Weisheit verlassen kann. Sie ist der kompetenteste Berater und hat mir das Leben gerettet."

## Was ist nun die Grundlage Ihres Tuns?

„Ich möchte Wege zeigen, sich selbst zu helfen. Unser wahres Wesen ist Bewusstsein und der Körper ist das, was wir daraus machen. Unsere Gefühle, Gedanken und alte Traumata beeinflussen die kleinste Zelle. Das hat die Wissenschaft der Epigenetik bewiesen und ich kann mich als Biologin dieser Auffassung nur anschließen. Zellen reagieren auf Schwingungen. Es geht nun darum, den Körper mit harmonischen Schwingungen zu versorgen und damit auch Schocks aufzulösen. Schocks sind wie Narben im limbischen Gehirn. Wir können sie durch Intuition aufspüren und durch spezielle Übungen, die ich in meinen Büchern beschrieben habe, für immer auflösen. Dadurch werden die sogenannten Reparatur-Gene aktiviert und blockierte Energie kann wieder fließen."

## Was ist das Ziel Ihrer Arbeit?

„Ich empfinde mich in gewisser Weise als Tanzlehrerin. Ein Mensch ist aus seinem Rhythmus der Schöpfung gefallen und ich helfe ihm liebevoll, in diesen wieder zurückzufinden. Somit wird die Schwingung eines Teiles der Seele mit der Schwingung des Ganzen in Einklang gebracht. Das geht über tiefe Entspannung, Visualisierung und manchmal auch über Rückführung. Es ist wichtig, so rasch wie möglich zur Wurzel eines Problems zu gelangen – nicht wegschieben, nicht zudecken, sondern auflösen. Jeder von uns hat in sich seinen kompetenten Berater, der ihm dabei zur Seite steht. Ich leiste nur Hilfe zur Selbsthilfe."

## Was bedeutet Heilung für Sie?

„Heilung bedeutet die Erinnerung daran, wer wir wirklich sind – spirituelle Wesen, Energie, die sich verkörpert hat. Wir sind alle ewiges

Bewusstsein und spielen momentan in einem bestimmten „Film" mit. Es gibt drei Stolpersteine auf dem Weg zur Heilung:
1. Das Ego hat Angst vor Neuem.
2. Das Festhalten an starren Programmen, wie zum Beispiel die Einstellung: ‚Also, so leicht kann es doch nicht gehen!'
3. Der Verstand, der alles begreifen will.

Quantenphysiker erklären, dass das, was wir mit dem Verstand begreifen, ‚so viel ist, wie man durch ein Schilfrohr sieht, wenn man auf den Himmel schaut' (Univ.-Prof. Dr. Hans Peter Dürr).

Es ist wirklich alles heilbar. Schon berühmte Ärzte und Gelehrte wie Hippokrates, Heraklit, Paracelsus und auch Hildegard von Bingen betonen, dass stimmige innere Bilder und das Auflösen von Blockaden Heilung bringen. Und die Ursache jeder Krankheit sei eine ‚falsche' Einstellung zu Gott, zur Natur und zum Leben. Aber Einstellungen kann man verändern."

### Gibt es wissenschaftliche Beweise für Ihre Auffassung?

„Seit einiger Zeit weiß man, dass die Gesundheit von der Menge und Qualität der Biophotonen in unserem Körper abhängt. Das sind Quanten – also die kleinsten Teilchen – in einem biologischen Organismus. Sie steuern die Stoffwechselvorgänge im Körper. Sind wir nun fröhlich, zufrieden und dankbar, dann sind diese Biophotonen in Harmonie. Das ist die Voraussetzung für Gesundheit bis ins hohe Alter. Gefühle wie Ärger oder ständiger Stress bewirken ein schwaches Biophotonenfeld. Das heißt: Unsere Gedanken beeinflussen das Photonenfeld viel mehr als wir meinen. Auch traumatische Erfahrungen schwächen das Feld. Wir erleiden einen Energieverlust und die Krankheitsanfälligkeit nimmt zu. Die Methoden, mit denen ich arbeite, verwandeln disharmonische Felder in harmonische.

Schmerz ist ein Stau von Biophotonen. Spezielle Energieübungen und Entspannungstechniken lösen diesen Stau auf. Verdrängte Schockerlebnisse, unverarbeitete Trauer, unterdrückte Wut und Angst sind

wie latenter Sprengstoff in uns. Doch über die innere Weisheit in uns
können auch sie aufgelöst werden."

## Warum ist es für die Entwicklung der Selbstliebe wichtig, diese Zusammenhänge zu kennen?

„Sie sind Teil von Gott wie wir alle. Wenn Sie wissen, dass Sie in
Wahrheit reine Liebe sind, fällt es Ihnen viel leichter, sich auch mit
liebevollen Augen zu betrachten."

# KONTAKT

MAG. SABINE STANDENAT
www.standenat.at

PRIM. DR. MARCUS FRANZ
www.hartmannspital.at
mfranz@hartmannspital.at
+43 1 54605 - 0
www.internist-franz.at

PROF. MAG. MARGARITA ZINTERHOF
www.zinterhof.at

BARBARA PACHL-EBERHART
www.barbara-pachl-eberhart.at

EVA FISCHER – „DIE LIEBESFISCHER"
www.evafischer.at

Eva Fischer

**DAS GROSSE SINGLE-HANDBUCH**
**Infos, Tipps und frische Ideen**
**für den Weg zur Liebe**

160 Seiten, farbig, Softcover mit Klappen
ISBN 978-3-7088-0598-6
EUR 19,99

---

Margarita Zinterhof

**IN DER WEISHEIT DER SCHÖPFUNG GEBORGEN**
**Heilendes Bewusstsein und Quantenenergie**
**im täglichen Leben**

136 Seiten, s/w, Farbabbildungen, Hardcover
ISBN 978-3-7088-0543-6
EUR 21,99

---

Margarita Zinterhof

**VERTRAUE DEINER INNEREN WEISHEIT**
**Deine Einzigartigkeit ist der Schlüssel**
**für ein erfülltes Leben**

216 Seiten, s/w, Hardcover
ISBN 978-3-7088-0517-7
EUR 21,95

---

Margarita Zinterhof

**VERTRAUE DEINER INTUITION**
**Worauf es wirklich ankommt**

232 Seiten, s/w, Hardcover
ISBN 978-3-7088-0518-4
EUR 21,95

Sabine Standenat

**SO LERNE ICH MICH SELBST ZU LIEBEN**

215 Seiten, s/w, Hardcover
ISBN 978-3-7088-0360-9
EUR 17,90

Können Sie ehrlichen Herzen sagen „Ich liebe mich" oder ist diese Liebe durch unzählige Hindernisse blockiert? Selbstliebe bedeutet zu erkennen: Mein Schmerz wird nicht durch jemand anderen beendet, sondern nur durch mich selbst. Egal, wie es bisher war: Ich bin kein Opfer. Ich habe die Macht, mein Leben zum Besseren zu verändern, auch wenn ich mich im Moment schwach, hillos und ausgeliefert fühle. Es muss nicht immer weitergelitten werden. Ich nehme meine Bedürfnisse ernst, verdränge weder Gefühle noch Probleme und höre auf die Sprache meines Körpers. Ich setze vernünftige Grenzen, nutze die Kraft der Gedanken und muss andere nicht zwanghaft kontrollieren. Ich höre auf, mich selbst zu boykottieren und weiß ab jetzt: „Was ich denke, fühle und mache, zählt. Ich bin wichtig." Mehr erfahren Sie im Bestseller von Sabine Standenat.

www.kneippverlag.com